Circle Of Life

poetry *pt* today

Circle Of Life

Edited by
Rebecca Mee

First published in Great Britain in 1998 by Poetry
Today, an imprint of
Penhaligon Page Ltd, 12 Godric Square, Maxwell Road,
Peterborough. PE2 7JJ

A Catalogue record for this book is available from the
British Library

ISBN 1 86226 515 1

Typesetting and layout, Penhaligon Page Ltd, England.
Printed and bound by Forward Press Ltd, England

Foreword

Circle Of Life is a compilation of poetry, featuring some of our finest poets. The book gives an insight into the essence of modern living and deals with the reality of life today. We think we have created an anthology with a universal appeal.

There are many technical aspects to the writing of poetry and *Circle Of Life* contains free verse and examples of more structured work from a wealth of talented poets.

Poetry is a coat of many colours. Today's poets write in a limitless array of styles: traditional rhyming poetry is as alive and kicking today as modern free-verse. Language ranges from easily accessible to intricate and elusive.

Poems have a lot to offer in our fast-paced 'instant' world. Reading poems gives us an opportunity to sit back and explore ourselves and the world around us.

Contents

Aren't Mums Strange!

Aren't mums strange!
They tell you off for playing your music
too loud,
and then join in singing the song!

Aren't mums weird!
They work all day without a rest
refusing to let you help,
and then moan that you've done nothing
at all!

Aren't mums annoying!
When your favourite band is on tv they
decide it's not educational enough,
and make you watch the latest BBC 2
documentary on plants mating habits!

Aren't mums odd!
When they tell you you have to be back
home by six,
and then say, 'you could have stayed
longer you know!'

Aren't mums kind, caring and thoughtful!
Especially when they give you their last
chocolate,
and then the next time you wear your
favourite dress, they warn you, 'you're
putting on weight!' - thanks mum (can I have
            my £10 now?)

Amy Preece (14)

The Circus

We always felt a twinge of fear,
When we went to the Circus every year.
The animal smells, the loud brass band,
Danger seemed on every hand,
The trapeze artists' daring feat,
But what if their hands didn't meet?
The cracking whip of the lion tamer,
His head in its mouth. We couldn't name a
Job that we'd less rather do.
Lions, we felt, should stay in the zoo.
The acrobats with their daring tricks
And tight-rope walking didn't mix.
At least we laughed as Coco the Clown
Red nose, huge pants, kept falling down.
The Ringmaster, with his uniform fine,
That was a job that I'd wish to be mine,
But jumping on horses and bareback poses
Didn't seem a bed of roses.
The elephants were much too grand
To rear right up and try to stand;
Juggling was all very well,
But on a ladder? What if he fell?
We always felt a twinge of fear,
When we went to the Circus every year,
But nothing dreadful ever occurred
Of that you'll just have to take my word!

Patrick Davies

Past Pastures

Where's the key into my garden
When I stood on the path
Walking up and down
And all around
Beautiful, unique

I used to leap
Sing, giggle, shout
The flowers were all I could see
Red, blue, pink
Harmonic with dew

When imagination was kind
I felt your hand in
mine
You took me to a
Higher place

Where dreams came true
For me and you
Birds sung as I
Stroll along
Past the grass
The sun blast
But that was all in
The past
A dream

Tracy Charters

Just Woman?

Outshining all the brightest bright
Outliving all that history tells
Being more than just a possessive sight
Rising over the distant dells
Tearing men's hearts and like a rack
Can draw them closer to their breast
Sway countries with their feminine act
Many have died by being obsessed
But also with their loving care
Tend their loved one's with motherly joy
Passing all with a heavenly air
Grief and depression do destroy

O'woman is by nature's hand
The fairest object on the land.

William D H Cook

Adult Learning

At thirty nine came the time
For Mother to train for a new career.
I went to college, to gain the knowledge
Oh dear! I'm the oldest one here.

With scornful glances, they judged my chances
So the brain came out from hibernation
The words emerged, the knowledge surged
My results caused exclamations.

Another course? Of course!
What other subject should it be?
I've done English, Maths, Geography,
Art, Physics and Chemistry.
This time I'll study Sociology.

I went a bundle. It was wonderful.
Reference books became a treasure
My 'ancient' past, became useful at last
I surveyed my diploma with pleasure.

Then a descent. Time was the element
Promotion and much more to do
To-ing and fro-ing, my children growing
Crosswords helped me get through.

Then other events. Children were parents
The burden of chores had decreased
Less washing and ironing, tasks which were tiring
My role as a Mother had practically ceased.

I began to dream of another theme
But some thoughts would not go away
I made little notes of ideas and quotes
That I could write about, some day.

Writing at home, all alone
Does not give the feedback you need
Joining a group, was the measure I took
responses are there as you read.

We had a spare room, that was a boon
Paper and books, it was churning
Spare room no more, for the sign on the door
Says Caution. Adult Learning.

Vera Thompson

The Time Of Man - Cometh

The infant cries incessantly,
Essential for him to survive
That self-same child screams louder,
When starting school, aged five!

The teenager boasts of conquests
In accents strong - and loud
In spite of pimples - and bad breath
He thinks he's king - full crowned!

The early twenties see him flit
From thorn to rose - through briar
He seeks the unobtainable -
But you have to admit - he's a trier!

The up and coming thirties
Bring more problems to the fore -
When he comes home paralytic -
And crashes through the door!

Middle-age arrives apace
To match the lines upon his face
His hair is sparse - libido low -
Youth! Oh traitor! Where didst thou go?

With old age comes confusion
Combined with sleepless nights
Should he continue to wear long johns?
Or change to support bra and tights?

Anne Wareing

The Waif

The little waif shivered as he stood in the snow
And gazed inside at the fire's warm glow.
He watched the children playing there
And the kind-faced mother in her rocking chair.

He looked at the table, food-laden spread
And thought of his own scraps of bread,
Oh how he wished they would ask him in
But nobody loved or wanted him.

He saw the mother gently kiss
One little lad who'd hurt himself.
How he wished he'd a mother to soothe his pain
And with a kiss make him well again.

With his curly head on his arms he wept
Till in spite of the cold and his hunger, he slept.
Then one of the children left the game
And over to the window came.

'Oh mummy, see what I have found –
A little boy asleep on the ground.'
Then the mother left the firelit room
And went to the child outside in the gloom.

She lifted the boy with a gentle arm,
Said 'Come inside where it's dry and warm.
What you need is food, a bath and a bed,
Somewhere to rest your weary head.'

She carried him into her cosy home
And tended him just as one of her own.
He was chilled to the bone and wet to the skin
And his little frame was so painfully thin.

All night long his fever raged,
His little face grew pinched and aged.
The doctor solemnly shook his head
'I doubt if he'll pass the crisis' he said.

All night long the mother stayed
At his bedside and most of the night she prayed,
But on wings that only the waif could hear
The Angel of Death was hovering near.

Next morn, at the dawn of a cold, grey day
The waif's feeble spirit passed away.
No more the streets he'd have to roam
For God in his mercy had taken him home.

Olive Allen

Innocent Days

When I was a child
I would look up at the sky
I would play with the sun
Until it hurt my eyes
I would run and hide
From the shadows that followed me
But wherever I hid
It would always find me
I would play with the wind
To see who run faster
But it was always ahead of me
And I got left behind
I would wait for the rain
To see if it could find me
But I always got wet
Because there was nowhere to hide
And the darkness would come
And the sun would go to sleep
And the wind would turn to a gentle breeze
And the rain would become a stream.
Then something new took over the sky
It was the moon, and it shone all night
And then I went to sleep

Gina Shoukri

Morning Sentence

Black eyes with a touch of red
Sweaty bed and legs like lead
You've jobs to do by a certain time
You won't get up and that's a crime
Again your bed's become a prison
Whilst you drown in hedonism

The morning criminal strikes again

All motive absent from a pounding head
Don't want to rise wish you were dead
You've places to go people to meet
Yet every morning your white as a sheet
Day to night a funeral precession
Murdered by your hedonism

The morning killer strikes again

Every morning your the same
During the day you feel insane
Only drugs keep you on track
You've fallen off and got the sack
Derailed by your own obsession
A victim of your hedonism.

Nic Miller

The Dieter

Pray, holler, shout,
There's a thin gal,
Trying to get out,
To cast free,
Years of blubber,
Which anchors one down.

My scales glare,
With vengeful eye.
It's now or never,
Do or die,
Farewells to chips,
And gooey cakes,
And midnight trysts,
And naughty bits.

There's hunger pang's,
Loud hollow sounds.
Foxy fridge beckons,
Your out of bounds.
When I reach my heavenly goal,
I'll fly free as a bird.
Dance rock and roll,
Minus spare tyre roll.

Awed child within,
A captive audience.

Terri Fisher

The Mercury

The sleep that gets deeper and deeper
The scenes that flash in and go out are in black and white
Slow to a kind of slow motion
Three colours now: black, white and mercury
The brilliant white sunset behind the black
                                    ruined castle
The moat of mercury
A scene of no significance begins to feel so
                                    significant.
Feeling a calm existence I've
Never known before but will know again one day
This is a place where I want to be
And a time I want to last for ever
Just as I am resigned to stay at this place it begins
                                    to disappear.
I fight to keep my mind, relaxed and totally clear
                                    to stay there.
The harder I try
The more it races
My mid Heaven goes.
But the impression it leaves stays
Now I'm back to the life with the mere mortals.

But I feel, I think I know what the mercury is
                                    all about.
But the verification of what I think I know
When verified will only be known by me and me alone

Kevin Paul Crowle

Rags

You see an old pile of rags
A filthy old flea bag you see,
I say 'Open yer eyes and look
That old pile of rags is me!'

Dirty disgusting old drunk
A beggar he is I bet,
I says 'Arrogant and foolish yer be!
Think! You could be like me yet'

So degrading to live like a pig
Full of worms from the trash that he eats,
I say 'Let me tell yer me story
Any novel I bet it beats'

So yer walks with yer nose in the air
I'm better than him yer says,
I says 'Till last year I was happy in life
Far removed from me grovelling ways'

But no one believes yer was anything else
But a pile of filthy old rags,
I'll says it again, 'Yer fortunes can change
It could be you living out of old bags.'

J Byrne

Loss Of Dignity

Oh dear I've lost my dignity
And all because I'm ninety three.
I had a stroke and need a chair.
So they dumped me down and left me here.
I'm slow in moving and can't walk.
Even so, I can still talk.
These strangers only see
A frail old body, little me.
Efficient, kind and cool,
They see my body, but not my soul.
They strip me bare and lift me down.
And stand and watch so I don't drown.
And I can't even have a wee,
Without them thinking they must see.
I do wish they'd realise
Although I'm old
I'd like to be spoken to,
Not always told.
Sit down beside me and tell what's new.
You'd be surprised what I can do.
My eyes can still see, my ears also hear.
Can't you know this my dear?
You think I'm a hasbeen - a silly old bird.
So please change your ways,
And look at me.
And pass me back my dignity.

Audrey Lay

Lewisham

Our artistic monument, is a pile of rocks,
Skilfully arranged, to give the drivers some shocks!
The air is full of traffic fumes too,
Pedestrianisation hasn't stopped the poo!
We have a market, selling fruit, veg and all,
And in the middle is a Clock Tower, standing so tall.
The streets are alive with barrow boys' yells,
The flower and fish stalls provide all the smells!
Crowds waiting for buses and others for trains,
Dive into the Riverdale Centre, to escape the rain.
Shops selling clothes, jewellery and meals,
Are mingled with chemists, photo shops and those repairing heels.
Homeless and Hungry, sit by and beg,
Alongside smart folk from offices, buying clothes off the peg.
Wide boys, who pose with mobile phones,
Grannies who sit and rest their aching bones.
Couples, lost to the world, swoon,
As though caught in a Mills and Boon!
Here are people of every race and creed,
There really is everything you need.
Amid ever rushing feet,
In the cold or in the heat.
All life is encompassed here,
All the misery and all the cheer.

Lucille Ercan nee Norton

Morning Love

The sun warms,
The rain awakens,
The birds serenade,
The stars are taken,
The moon fades out,
The dew dries up,
The web is spun,
The flowers look up;
The wind caresses,
Skin tingles,
Eyelids flutter,
Bodies intermingle,
Kisses hypnotise,
Voices whisper,
Make love,
Morning love.

Alexandra Nuttall (23)

It's Just Not Fair!

I don't want to, I shouted at the top of my voice.
Go to school that is, why don't I have a choice.
Do this, do that, I'm always being told.
It is not fair, can't wait 'til I am old.

Get off that phone, you've been on too long.
Tidy your room and turn off that song.
It's time to come in, it's getting dark.
But I want to stay with my friends, they're
going to the park.

It's always me, it's just not fair.
You say you do it because you care.
But when I'm older, I'll do what I like,
Stay in bed all day and play out all night.

Susan Bould

The Circle Of Life

To every beginning there must also be an end.
But these are only landmarks, moments in the passing of time,
very small players overacting their parts.
Yes the day that brings change also brings fear
and the day that brings loss also brings regret.
But between them is the greatest treasure.
For held in their vice like grip
are the memories of a time past,
something that the future can never wrestle away.
So dwell on these, often.
Remember the lessons you have learnt,
the friends you have known,
the things you have done for others
and what they have done for you.
For in this there is neither fear nor regret,
no beginning and no end.
So in all that has been find your peace for today.

A Mason

A New Day

In spring, while the trees are still and lifeless.
The woods of England are array with flowers.
Snowdrops push their heads through the snow,
To lift up their faces to the new morning of the year,
And bow to greet their long day.

Robert Edward Green

Prophecy

The sun, the stars, the universe, this is my domain
I exist beyond your comprehension, so do not ask of me my name,
I bring to you a 'Prophecy', of which you should not scorn
In the age of the 'New Millennium' a 'New Messiah' will be born.

Your so called 'Civilised Societies' will spiral down into decay
And all your towns and cities will be overrun by anarchy,
But there will be one to rise above you, who will stand proud and
will stand tall
Strength of a thousand in his heart and hands, king of men, leader of
all.

And from the ashes of destruction will blow a wind of change
With it will come your true salvation, so take heed of what I say,
For a 'Sword of Retribution' will strike swift and will strike hard
On all the 'Vermin' of your society, who have but evil in their hearts.

In the age of the 'New Millennium' a wind of change will blow
From the ashes of destruction a 'New Messiah' will be born,
And where fear and darkness reign, he will bring the light of a new
dawn
So to all those with evil in their hearts, take heed - for you have been
warned!

E D Jones

Blue Midnight

Why don't you just close the door
and shut out the bright morning light
say that you want me to stay
and then ask me if that would be alright
you told me all your stories
all those long ago memories
you told me of your first love
and how she reminds you a little of me
you told me everything that you want to do
all the places you want to visit
you said you wanted to live to see forever
and you asked me if I could see it

You asked me what I had dreamt about
when I had lain there in your bed
you asked me if I had had nightmares
and if they were still lingering in my head
you wanted to know if I had dreamt about you
about us and what I wanted us to be
you said you'd like to stay here like this
you said you always wanted to wake up with me

You asked me what my plans were for the day
and asked if I wanted to go for a walk in the park
we could go to a picture show
and go dancing later, when it's dark
you said you wanted to paint me, lying naked on the floor
you wanted to see me in the blue midnight
you said you could hang it on your bedroom wall
and then I'd always be there when you open your eyes

I could love you, that was what you said
as you gently began to stroke my face
you could love me until all love was dead
I could take over all of your space
we could live together, we could fight forever
and argue about who's right and who's wrong
we could go everywhere, tell everyone we've been there
we could pack up all of our stuff and just go

Cheryl Bowdrey

The Vampyre

There's a deep mist over the fields tonight
I can see it from my open window
Will you come for me tonight? . . .
The chill of the wind excites me,
It feels like your cold breath,
You breathe heavier as you close in on my neck,
Your touch is like ice
As you gingerly fumble,
At the straps of my white night-dress.
As it falls to my ankles
The wind blows the clouds from the moon,
I can see you now, your hair shines
Against the glimmer of the moon light
Your eyes, alert, ready for the attack
Your mouth is so close to my neck
And I'm drawn into ecstasy,
As you begin your nightly ritual
I feel a sharp pain as you penetrate me
And then I am blissful, again
In the knowledge that you won't kill me
Because you need this nightly feed,
To save you from pain,
Then you are gone.
Oh, how I love you.
I wait naked by the window
Until you return,
To thrill me once more.

Gemma Stothard

Awakening
(This poem is dedicated to my sister Eileen Saulters)

The farmyard sloped down to the barn, the chickens were closed in
today.
Uncle said if I kept up with the water, I'd get the squeal in a bottle.
Two men came into the dusty yard, carrying a box between them.
They stood around talking, crunching stones under their hob-nailed
boots.
I fetched the big rope from the barn, slung it over the branch of the
tree.

Running up the field, through the orchard to the yard gate.
The cold metal handles of the buckets pressed hard against.
The bursting blisters of my palms, burning red with anger.
Buckets would be taken from me, I would run away lightly.
Terrifying were the squeals, bright red spots running down the
buckets.

All was quiet now, as I washed down the yard, I let the chickens out.
Flies moved to the dung'hill, back to their kingdom.
Chickens scraped, strutting, clucking around the tree.
A scrawny wee fledgling trapped in the curing barrel, cackled
loudly.
The big rooster pecked the ground angrily, flapping his wings.

Hot water from the fire now filled the buckets, steam disappearing
in the air.
The men washed down, in the yard, before supper.
Uncle smiled at me, thrusting the bottle into my hands 'hold it firmly'
I looked down at it, bung'-holed with straw.
Fear gripped me, until I perched it against the tree, my head stayed
bowed.
As shadows pressed down on me, from the hanging tree.

J H T Leitch

Why?

High in the heavens, where angels fly,
A soldier's spirit drifting by, was asked by a mother,
'Where and why, did my only son have to die?'
The spirit turned and gently said,
'In which great battle did he tread?
I've seen them all o'er countless years,
I've seen the fields where poppies bled.
Their scarlet profusion over countless dead.
I've seen the tanks in desert sand,
Spitting their death at a mortal band.
I've laid in trenches, when shells, round after round,
Have mangled men and churned the ground.
I've known them all who died this way,
Over all this time, day by endless day.
So gentle mother dry your tear,
Your son I know is very near.
But why he died, I have no answer, to that I fear.'
The spirit cradled the mother's head,
And led her to where her son lay dead.
And still she sits as the years pass by,
Softly asking 'Why, oh why?'

Len Baynes

Ages

The sea is cold,
the winter callous,
twisting, turning,
everyday.
The sea is cold,
the winter callous.
Some days we all
need to pray.

Conversation kicked to touch.
Lost and empty, face to wall.
Shout and scream, however much,
no one will hear your call.

Land lies lowest near the edge.
A thousand visions fill my head.
Weeks, months, years, passing by.
For eternity I have bled.

Boulders, stones,
rocks and pebbles.
Suggestive proof
of existence.
Boulders, stones,
rocks and pebbles.
Another day,
another chance.

Wayne J Pease

Time

Hey! Time just a minute, don't leave me behind,
For I have ever been running and chasing you,
But you have not been kind.

I ran and I fell, I giggled and again, I tried,
I webbed myself, I laughed and I laughed, till I cried.

Shine in the eyes like the early morning's dew,
Heart full of love, like the empty blue sky's view.

Lost some and gained some but you are the best winner,
You proved your self as always right, and made me the sinner.

Stop just a while, let me think of my sweet memories from my birth,
Let me catch my lost breath to complete the journey on this earth.

The crunch has come, now I shall leave you behind,
For I will be ahead of you, when tomorrow's sun will shine.

No feelings will I have ever, no decision to make,
For I shall be free from you and my body, of any challenge to take.

But time you will carry on!

Kulwant Bahra

Poetry

A poem is a piece of your mind
A pot-pourri of memories
That will last through space and time
There are no set formulae
Of so it would seem!

There are poems about everything
From flowers to dreams
Poets breathe life into history
Through all our ages past
They've brought us intrigue and mystery
The like of which
Cannot be surpassed

For though our time is soon passed by
To when no one remembers you or I
As long as we have poetry
Our words will never die

Think not
Of these few scattered lines
But of the literary giants
From our distant past
Read their words preserved for all time
Take them to your heart
And join the poets' caste

Breathe life into your diction
Use reality or fiction
Make rhyme with sadness or gaiety
All these things are clearly seen
Through the eyes of one reading poetry

C J Collins-Reed

River Of Words

The clock is ticking,
Beside the bed,
As rivers of words,
Run through my head.

Sleep eludes me,
I long to unwind,
But still they keep on running,
Running, through my mind.

I hear the rain start falling,
Just outside my window,
But still the blessed river,
Just will not let me go.

It runs so fast,
I sometimes feel,
I am going out of my mind,
This rivers always searching,
For a sea to find.

Gradually, as time goes by,
The river finally slows,
But from the outside,
Looking in,
Nobody sees,
And nobody ever truly knows.

P Harvi

Her Teddy

Does the Teddy seated there
In the oblong room,
Miss the secret coquetry
Her now stilled heart
Once gave to him?
That joyous patois of nonsense
They shared in her child-like,
Endearing banter,
At each insouciant whim.
Inviting from his aloofness
With impish innuendo
A silent rejoinder
Albeit muted verbatim!
The upturn of a smile,
Never pursed his mouth to ease,
He sat immobile, liken
To a wingless seraphim!
Teddy still is seated there
Alone in the oblong room.
How I long for that repartee,
Silent him; enchantingly versatile Kim.

Elwyn Johnson

Diets

A word to the wise, if you eat and eat
Your bum will never fit in a seat
And when your chest won't fit in a bra
Then you know you've gone too far
And if you've never seen your toes
And all the seams give in your clothes
Well, then you know, you'll have to try it
You've got to go on another diet.

You'll stretch and sweat, you'll jump around
And if you're lucky, you'll lose a pound
Or maybe two - but then, alas
That big cream bun you just can't pass
. . . And maybe just a little cake
Oh, pass the cream for goodness sake!

The diet start today anew
I'll buy some carrots and chew. . . and chew
They just don't taste the same you see
As chocolate cake and sugary tea
But suffer them I really must
Or else my shorts will surely bust
I'm going to do this, I know I will
I lose my weight, I'll look so brill.

I'm thinner now, and working out
When you see me- POW- I'll knock you out
You'll not believe how good I look
I might even write a slimming book
And all those cakes will taste too sweet
And I'll be able to see my feet.

Jenni Henderson

Our Time

There is so much time floating through the air
that one thinks the price is not fair.
The price you pay for a filling
the price you pay for a drilling
and even if you are not willing,
the tooth needs repair.

Time doesn't cost,
but one still has to pay.
So time equals cost,
that's what they say.

Time is the cheapest thing and yet so dear
time is the awful thing in everyone's fear.

If time were not here,
as it's never to be found.
All the people could have drowned.
In a timeless atmosphere.

For Andrew with love

Ria Probst

Full Circle

We started out, as mist and steam
then rose up to the sky
and when we were grey, and big enough
we made the heavens cry.

And down we fell, from up above
at a time when it was cool
and with millions falling, just like me
we formed a little pool.

Then as more and yet more joined us
we grew into a lake
till eventually, we got so big
that something had to break.

And break it did, the earth gave way
then with a mighty scream
we surged down from the hillside
where we became a stream.

And through the countryside we flowed
over pebbles rocks and sand
then some of us, went different ways
to irrigate the land.

But the rest of us, went on and on
fresh water to deliver
by hills and mills, and settlements
and down into the river.

And other streams there joined us
with their swirling whirling motion
then on we flowed a liquid mass
till we reached the mighty ocean.

And great waters there united
till they covered most on earth
and we now had come full circle
to the place that gave us birth.

Then some of us, stayed down below
while others rose again
to form those great big clouds above
until they fall as rain.

Roy Turke

Shadows

The dismal shadows of darkness,
Dare to find me.
I strive to look forward,
But they creep sunless behind me.
Misty - eyed I return,
My skies overcast.
Promises of candlelight,
Nebulous to the last.
Dusky desolation has my address.
Darkly come my colours,
Each remembrance my distress.
I stumble for the sunlight.
Someone moves it farther away.
Still, seeking escape,
I see my bleeding heart,
In Purgatory where it lay.
Blue devils rejoice in their numbers,
While I am all alone.
Where is my bed of velvet?
Stifling is the smell of cologne.
Black nostalgia reappears.
The river's dry but I am wet,
For I am bathed in tears.
Does the memory ever forget?
Spirit dies, until my eyes,
Find starlight in the gloaming.
And again, looking to tomorrow,
The past to the angels homing.
But the dismal shadows of darkness,
Know where to find me.
Try to run,
But they're always behind me.

Rachael Shipston

Ways Of A Freesoul

Once a while
On life's strange bridge
Within the breathless snorkel
Of a crackling twig,
There lived a blindness so visual
That his vision believed
That the relief of creation
Was creation ceased.

Our prayers to willingstone ask
Please breathe him
This life our livingstone
Please feed them.

In these days of iron awe
And the priests that smelten
In these ways of our freesouls
We have complete
Section.

S McKeown

A Dream Come True

The wind blows softly through the trees,
Whispering and rustling through their leaves.
But the wind that blows softly
In the depths of my soul,
The breath of my life that makes me one whole,
That whispers and rustles and is a dream come true,
Is the breath of love that comes from you.

A voice tinkles softly, oh what a glorious sound,
Humming and singing of the joys that abound.
But the voice tinkling softly
In the depths of my soul,
The sound in my life that makes me one whole,
That hums and sings and is a dream come true,
Is the music of love that comes from you.

How beautiful the stars appear to the eye,
Twinkling and shining and giving light to the sky.
But the star that shines brightly
In the depths of my soul,
The light of my life that makes me one whole,
That twinkles and shines and is a dream come true,
Is the sparkling love that comes from you.

How emotions may change between today and tomorrow;
Now; joy and laughter. Then; tears, pain, sorrow.
But the emotion I feel
From the depths of my soul,
For the one in my life who makes me a whole,
Is a love that will stay with me until the day I die;
A love I shall take with me up to the sky.
And time cannot tarnish it
For it's from the depths of my soul;
A love for the one who makes me a whole.

Mackie

Illusion

They came like Thieves in the Night
With the mission of putting things Right
But Thirty years On
The job is far from being Done

When they Came
Everything was in Shame
Morale was Dawn
Everybody wore a Frown

'Please be Calm
We mean nobody any Harm,
We have come to put things Right'
Said the Fighting man of Might

Thank God! for the Fighting Man
But it was a flash in the Pan
For within the twinkling of the Eye
The idle years rolled By

Yes! Thirty Years On
It's back to square One

Sammy Adeyemi

Shut Out The World . . .

Lock all the doors, throw away the key
Pull closed the shutters, just my love and me.
Turn out the light, just the moon and stars
Shut out the world, precious moments are ours.
Silence the clock, hang up the phone
Dare anyone knock, whilst we're all alone.
Turn back silk sheets on rose perfumed bed
Taste my soft lips, sweet luscious and red.
Lay down your ear close to my chest
Hear my heart pulse, 'gainst the swell of my breast,
Bear down on me, in your strong arms embrace,
Fierce burning desire in your eyes and your face.
Heaving shadows cast on dark moonlit wall
Take me to heights, your love gives me all.
Float me through clouds, the sun, moon and stars
Take me to planets, Venus, Jupiter, Mars . . .
Burn me with flame, stir me with fire
Fireworks, rockets, take me higher and higher.
Then when we fall, with the lull of the storm
Sweat from our brows, our hearts close and warm
We gaze through the shutters, in mere but a chink
The moon glows in silence, yet bares us a wink . . .

Marilyn M Fowler

The Norm

What is expected of normality,
Fat, thin, tall or small?
No matter how hard we try,
Are any of us normal at all?

What is the average mentality,
When we are all losing our minds?
Overwhelmed with computer technology,
What ever happened to spiritual signs?

The whole human race is abnormal,
With no two people the same.
We are amazing and don't even know it,
Isn't that a shame?

Simon Houlders

The Woman

I am a woman, one many of my kind
Independent, forth right of mind.
My point of view I like heard
Male chauvinists I find quite absurd
To the women of yester year
I owe my freedom and lack of fear
Some stood chained to railings
Going against men and their failings
The suffragettes gained my kind the vote
Men's single minded-ness they smote
They changed the course of history
To give us power to be free
Freed us so we could assert
To give any man his just desert
To compete on the same level
Be able to decide issues, even to travel
Not to be at a man's beck and call
But able to cope independently one and all
The men of the land went to war
Women replaced them at home to come to the fore
Kept things going till their safe return
From this example they did learn
That women have as much value as men
And never should be incarcerated again

Ann McAreavey

Dreams

Dreams are targets yet unreached;
To be strived for,
To be lived for.
Sweet dreams are heavens aspirations;
Eden is within the grasp
Of our minds
And our hearts.

Live for your dreams,
Form your dreams,
Taste the apple yet again.

Phillip Thomas Watson

Have You Ever Given Your Love?

Do we know how to love, or are we too scared to love?
People can be cruel with our love; they play with it and even try to
destroy it
It is an emotion so strong that it can take over your mind, you react
with it
It is very powerful - you can do strange things with it, or you can
control it
Like everything, even love has to be controlled - so they say
But what would happen if we didn't control our love?
If we just let it breathe and be free?
Never controlling it - would the people in power, who analyse for a
living, try to stop this love - yes
Would people laugh at your love - yes
Would people try to destroy and question your love - yes
Why?
Because they don't know how to really love
They are too scared to really love

Don't control your love - let your love be free
Don't lock it up
Believe in your love, because it is real and the most powerful emotion
you can have
Let them try to control your love, and one is lost
Let them laugh at your love, and one laughs at them
But don't ever stop your love
It's your power - no one else's

Magda Hannaford

I Am A Camera

Life unfolds before me in all its facets;
birth and death, joy and sorrow
happiness and heartbreaks.
A tiny baby emerges from the womb and
I am there to applaud in wonder
this perfect child made in God's image.

I am a camera
I blink in the bright summer sunlight.
A bride hastily clutches at her veil
before a gust of wind
carries it away to fall among the leaves
which nestle against the cenotaph.
The bride smiles - this is her special day.

I am a camera
It is autumn and a frost is in the air.
Faded flags hang limply above
the thin line of old men
faces pinched by the cold, heads held high
as they honour their fallen comrades.
Next year perhaps, they too will be gone.

I am a camera
New Year's Eve has come again and, as before
the revellers party on, corks popping,
streamers streaming, eyes glazing.
The midnight chime heralds in another year
New resolutions made to be broken,
hearts to be broken, homes to be broken.

I am a camera
A silent witness to the evil in man.
The homicide, the genocide, the darker side.
My pictures do not lie.
I seek the truth within my narrow vision
and find that hope can ever be found
in that new born child, that smiling bride.

I am a camera
My shutter clicks ceaselessly as years pass by
observing but not passing judgement
seeing with unseeing eye.
Until at last it closes to perpetual blackness.
My role is over. The film is ended.

J Notley

The Ever Burning Soul

In the stillness of the solace
Where whirlpools carefully tread
Amidst the realms of butterflies
Flying around my head
In deep dark cesspools wonder
The ever burning soul
Lies deep emotions seeking
A solitary goal
Amidst the realms of butterflies
Which gently flutter by
The lostness of the wonder
But trespass dare not I
For lurking in the undergrowth
Of past moments gone
A gratuitous melancholy
Where faint hearts linger on
Such fleeting passing moments
I do recall once more
Until at last I now do say
No more no more no more.

A Jones

When I Die

Young or old
Scared or bold
Happy or sad
Laugh or cry
What will I do when I die?

Lonely or crowded
In light or shrouded
Face the truth or lie
What will I do when I die.

Lee McEvoy

Don't You Know

Don't you know Life's better when you're laughing
Don't you know it's sweeter when you smile.
Don't you know that life is just for playing
Making others happy all the while.

Don't you know it's better to be cheerful
Don't you know it's great to be alive.
No one wants to know you if you're tearful
Don't you know it's better to be blithe.

It's much more exciting to be happy
To fill your life with tons of joy
Show your friends that you are jolly
Know you've 'been there' - just like Kilroy!

Don't you know life's better when you're friendly
Don't you know you're sweeter when you smile
Don't you know that life is there to play
Making others happy all the while -
       Making others happy -
           Making others happy -
                Making others happy with Your Smile!

Nelson Peters

Troubled Waters

Now I realise,
The words have been spoken,
Understanding thoughts of you,
I've not been fair,
Selfish to share,
All problems put on you.
Undecided what to do,
Trying to live both worlds,
It can't be easy in your life,
Feeling there's no flow.
Split between an ocean,
Family each side of the pond,
Head keeps spinning in a daze,
Unbalanced feelings in a maze,
Headache pounding,
Hands in head,
Uncontrolling thoughts instead.
Every stair put in your way,
Adds to pain that haunts your day,
Sorrow stuck to your soul,
Can't release,
It won't let go.
I'd like to take that frown away,
Which shadows all your face,
Lift off your blindfold,
Make you see,
That I can be your destiny.

Peter Farmer

The Lady Of Shallot

She is to me
The epitomy of grace
A vision of beauty
In form and face,
Her dress, unostentatious,
Yet superb.
I watch her approach,
As I stand by the kerb.
When she passes,
Her scent, chosen with care
Lingers fragrant in the morning air
I inhale with delight
And watch until she is no longer
In sight
Alas! seeing and dreaming
Is all I have got
But, she will forever be
My Lady of Shallot.

John Murray

Easter Soliloquy

The Orderly stood at the side of the bed.
The lady, now aged, raised slowly her head
And thanked the young person for what had been said
To comfort the distress she held in her heart.
A story of love, and despair, from the start.

''Twas one day at Easter', she murmured quite low,
In Paris, my dear, oh! so long ago,
A daughter was born; but, at that time my woe
Was betrayal by him whom I thought was my man,
But he had a wife, so he scarpered, and ran.'

The daffodils glowed as the gleam of the sun
Caught the flowers through the window as Easter Day dawned,
And the lady sighed deeply, in fashion forlorn.
The battle for life was now nearing its close
And the Orderly clasped the old hand in repose.

'What happened to her, your daughter, I mean,
Did you claim her, abandon, or . . . has she been
Brought up in a totally grander regime?'
The lady looked at him, faint smile on her lips,
And recalled that her daughter was 'happy' and 'rich'.

'Adopted at birth?' oh yes', she replied,
'By the father's rich relatives', adding with pride,
'She has four lovely children, two of each kind'.
'Have you ever met them?' the Orderly asked,
'Oh, no', she said sadly, 'I remain in the past'.

The Orderly knew that the hour was close by
When the hope of a meeting would wither and die
Like the flow of ebb tide, just he by her side.
But, with dignity, softness, and soulful grace,
She whispered, 'may be, another time, another place'.

Joyce Ainsworth

Special For Seconds!

Wow! You're just so special
Like no one I've met before
A dream come true, my eternity
What more could I ask for?

Wow! You're just so special
I can't believe you're real
So open, honest, amazing
You know just how I feel

Wow! You're just so special
So I know you'll understand
That I've got some things to sort out
My ex she needs a hand

Wow! You're just so special
No tantrums, or angry cries
One day you'll meet someone special
Who will tell you no more lies

Loretta Chegwidden

The Hour Of Peace

The hour of peace will one day come
For the little boy who is on the run.
From his mother's harsh words and his
Father's heart beat,
What will become of him with his tiny
Sore feet.

From family to family, home to home,
This little boy is all alone.
No one to love him, no one to care,
Nothing to have and nothing to share.

The hour of peace has finally come,
For the little boy who was on the run.
God has taken him in his big hand,
The heavens have opened at the final command.
Hear the angels singing their joyous song,
This little boy at last belongs.
Someone to love him, someone to care,
Something to have, and something to share.

Helen Clayton

What Could The Matter Be

At night we sit at the top of the stairs
My brother, sister and me
Listening to anger in the voices below
What could the matter be
Then things go quiet for a while
But the voices start again
Some one down there has just slammed a door
Oh what could the matter be
The voices get louder from that room downstairs
Making it seem like a battle outside
My brother and sister move closer to me
Please tell us what could the matter be
Things have grown quiet in that room downstairs
But suddenly the back door is slammed
Footsteps tell us that some one has gone
I wonder who that could be
We creep back to our beds again
And think of the night that's gone
We hear the cries from our mother below
We know what the matter could be
We pray tomorrow's a better day
Before we get up, know it's not
Mother with tired red eyes tells us
What the matter could be
Our father had left us the night before
No more arguments, no slamming doors
Only a lonely feeling fills our house
We hope he'll come home again
At night we sit at the top of the stairs
My brother sister and me
Listening to the cries from our mother below
Oh what could the matter be?

Georgina Blowers

A Lonely Path

There is a lonely path in Langland bay;
it hugs the proud hill all along its way;
thrift and heather smile to the sea
that teases and splashes and looks over the lea.

In solitude I walk, the wind in my hair,
it's all so beautiful, bad weather or fair.
Unquenchable shore awaits the new tide;
inexplicable feelings that dwell deep inside

Sheltering memories cocooned in a nest
impervious to care and dreams that can rest;
longing and yearning engulfing the mind
yet fearful to trust and unwilling to find

Here are the waves, the coves fulfilled;
where is the tenderness that long ago lived?
There's a tortuous path down in the bay.
Inextricable feelings in my heart to day.

Carolina Rosati Jones

Screaming

Not smiling,
but screaming.

You too?

Everyone, everywhere
not smiling but
screaming.
A fixed grimace.

Eve James

Untitled

Years spent searching for meaning and acceptance,
Hindsight allows fulfilment through these tearful times,
Knowing that loneliness and confusion were transitory and short
lived;
No more labels for me, don't categorise me with your hatred,
Hues of life you'll never appreciate, grasp or love.
Your senses dulled by ignorance and fear.
I've tasted ridicule and derision, the lesson has become bittersweet.
Give me creed, colour, gender, I'll take it all.
I know the passion for human form.
With head so clear and heart so full,
you'll be my world.
I'm sexual.
I'm free.

S Lawman

What's Happening

When we were young and full of life
Days full of sunshine, never seemed to end
Lots of friends, we swam in seas, that then, were clean
Saw no strange rubbish floating by
Life was so delicious, one never forgets
No fear of bad men entering our lives
To smear us with filth, and tell us white lies
No cussing took place, we just didn't know
Bad words were never encouraged

There was no need for parents near
We were safe, our world was still clean
Now this story of life is ended, evil is everywhere

No child is safe now when alone
Protected they must always be
Too now, the seas are all polluted
As far as the eye can see

Even fish and birds are dying
This should never be
Over the years allowed to grow
Poisons we know are there
Ignore it all, no point, to perhaps interfere
Life goes on whatever the score
But it's sad, it seems that this is Life
We all expect, as time goes by.

Winifred Parkinson

The Graven Image

There is a green eyed princess
who lonely forever will be
just a beautiful graven image
gazing out on a bright blue sea.
History, tells of a handsome prince
and of his bride to be
but, fate unkind
took his love
leaving only a memory.
He built her a marble temple
with stones from Italy, and
the rarest jewels he purchased
from across the Caspian sea.
She stands high
on a plinth of purest gold
his beautiful princess
who will never grow old.
Her eyes are precious Emeralds
Her hair the ravens wing
Her gown is Lapis-Lazula, and
all around her bluebirds sing.
As tired and lonely travellers pass
The Princess,
they, all see
just a beautiful graven image
gazing out
across a bright blue sea.

J P Hornett

Imminent Departure

No-one could truly know another person,
In the shadow of a dream unable to be shared
There may be hope so precious
That it cannot be discussed

I leave your shadow and I always weep -
For yet again I have mouthed senseless nothings
So empty that they were not even sweet
Just so much uselessness to blow away.

If only I could be acting in a play - with words
Prepared for me to speak - so phrased as to capture you
With their wit and charm
At last I could set free, that part of me
Which is now so well hidden.

I have to leave, not your occasional company,
But you, pray I could tell you how I feel e'er I depart-
Not by snatching at the words half-said-
But with each precious syllable held tightly to your heart.

M Miller

Strike

Those warm mystical May evenings
Lengthened out while we sat or strolled about.
Into the half-light, tapers were sought
For tall candles in their dumpy redoubts.

About these dim oases of waxed hope,
We talked softly of dark harsh trails.
Liquid light reflected sourly from
The half-filled bath and makeshift vials

And containers that festooned the kitchen shelves.
Ethereal voices boomed and departed
On the air . . . on the hour. Our trust was just
A pawn to this resource unimparted.

Faces were set against compromise. Opinions
Contorted in some impossible mind set,
Which bequeathed up this torpid existence
Where time was marked in wax and water droplet.

Stephen Shaw

All Alone

There's pain in my life that's so hard to bare,
I feel so alone, there's no-one to care,
I yearn to talk, for someone to phone,
Yet no-one does - I feel so alone.

It'll be alright - is that what they say?
God, it's so hard being alone each day,
Is there any point in carrying on - right now I don't know,
I just want to scream, to pack up and go . . .
But where can I go in my living nightmare?
You see there's no-one around me, to love me, or care.

Jayne McClymont

Touched By Love

Love is like a glowing star.
It finds you, wherever you are,
Love burns for eternity,
Reaching out across the heavens.

Love is like a bird, on the wing,
It lifts you up so high,
Taking you to the heights.
Soaring, flying above the clouds.
Making the heart, sing out loud.

Love is giving out a warmth so deep,
It warms the very soul,
Like a glowing amber, from within,
The light, shines through the eyes,
From the windows, of the soul.

Love soars, upon the wings of joy.
That brings so much happiness,
It touches, everyone's heart,
One has, have to have known love,
At least once, in their lifetime.
To be touched by love. With all its mystery.

Diane Blowers

How Is The World This Year

I asked a man so old and wise, how is the world this year,
The old year was fading out, and the dawn of the new was near.
Christmas had gone as a lightning flash, and was now so far away,
Can you answer my question wise old man, but he didn't know what
to say.
He paused for a while, and then replied, I think the world is fine,
But do you think I'm the man to ask, my name is Father Time.
I know of the worlds many mistakes, and often we live in fear,
How can I live in a dithering world say I, how is the world this year.

Now the dawn of a brand new future is born, as yet without a stain,
Giving new hope of peace and love, and may it so remain.
All the old years resolutions, they lay as deadened earth,
Yet we will make them all over again, 'till we know their worth.
Now we are feeding the hungry, of their hardships we're aware,
We are sharing all that we have to give, and showing that we care.
If every wrong we can put right, and every plea we hear,
Or do I just sit on the surface of hope, how is the world this year.

The world is full of different people, who are so much the same,
Though they speak in different tongue, or be of different name.
But as we share an only world, with only one life to live,
I'm sure we can live together, and each mistake forgive.
To me it becomes so frightening, and grows so by the hour,
When men do meet in secret, and each is crazed with power.
Some can mend all broken dreams, and some may wipe a tear,
So tell me do you wise old man, how is the world this year.

How can I know, says he, if they bring it to its end,
How can I know the mind of a man, what can I say my friend.
When adventure is the spirit, there is never room for doubt,
I can only bring the hours of the day, but you must live them, out.
I have only my scythe and the future, I am but Father Time,
I give you the years and the chances, but the world it is not mine.
Why can't the world be just as new, as all the oaths I hear?
Or do I just sit on the surface of hope, how is the world this year?

Vera Oxley

66

Non Omnis Moriar

Hidden from the gaze of men
Forms, dimensions of the heavens,
What present is the past has seen
Future holds what has already been.

Planet Earth her verdure holds
All in a vast protective orb,
Contained within are rain and cloud
Storms and tempests all absorbed.

Strangers on an alien shore
Turbid waters roll and crash,
Breakers high and undertow
Hissing surf on shingle strand.

Capricious, slumber's gentle waft
Rapt 'ween fact and fraud,
Travellers on the Pilgrims road
Seeking right of way and laud.

Life is spun upon the fields
Like dew before the rise of Sun,
With the heat of day must yield
And to the realms of Heaven return.

K C Thomas

Fairies

The small golden creatures that live with no death,
They guide us in childhood from our very first breath,
Keeping us from harm, they steer us away from danger,
Watching over us our invisible little stranger,

Lulling babies off to sleep, when their mothers despair,
Singing to them gently as they stroke their hair,
Holding their hand as they learn to walk,
Smiling so sweetly when a child starts to talk,

Watching sadly as the child's getting older,
Growing quickly and learning to be bolder,
No longer a child they soon forget their unseen friend,
For the child this relationship must come to an end,

As we get older we tend to forget,
Who calmed us down when we started to fret,
But you can be sure when we're happy and our life's going right,
That our friendly little fairy is still kissing us goodnight!

Suzanne Chalmers

Every Picture Tells A Story

I knew just where I would hang it
the day it was given to me,
I hung it on my bedroom wall
for me to gaze on lovingly.

The colours blend into my moods,
light-hearted or when feeling low,
I walk down the canvas pathway
and imagine where I want to go.

The artist possessed such talent,
I came to love his work so well,
in time I discovered he had
an amazing story to tell.

Some days he's out on the pavement
displaying his work on his stall,
and there the miracle is seen
for this man has no hands at all.

The people look on in wonder,
his brush he holds between his toes
and paints with feeling, and captures
the essence of a summer rose.

He understands with modesty
his purpose in life was well planned,
he thanks the Lord He so arranged
his feet would be used as his hands.

Mary Care

Unintensive Care

No bed available as yet, they say.
So in the corridor I have to stay.
By evening I have made it to the ward.
Requests to see the doctor are ignored.

Next day he comes and with him are a troupe
Of students, crowding round me in a group.
He talks to them but not a word to me.
Nurse pulls the blankets down for them to see.

Then, one by one, each student feels the place.
I long to disappear. I hide my face.
Then each one has to try to diagnose.
The doctor shakes his head. It's none of those.

Then they move on while he explains my ills.
But not to me. The nurse produces pills.
'They've made it worse! I have an awful pain.'
But it's too late. The nurse has gone again.

Geraldine Cox

A Time Of Year (An Autumn Symphony)

I love this time of year,
when the skies seem so clear,
A distinctive smell of burn, and a feeling
of lack of sun.

Crisp air but a sense of warm is within it.
I feel so deep when I lay with this all
around me, is this how it should all be?

A sea of leaves tell of a tide of keys,
keys to which open the door to winter.
Smell it all, smell its cold. If only it
could all stay another day but soon it
will all be gone away.

All so beautiful but this is my mind, how
do others think of an autumn symphony.

M Haffner

Blessed With That Smile

We can't tell just yet - what fate awaits her,
Will she be lean and slim -
        or will her girth be somewhat greater?
Perhaps a scholar and reader of books
Or pleasantly the possessor of abundant -
            good looks!
Will she become a TV announcer?
Perhaps on the dancefloor - a disco bouncer!
May well she be a sports loving freak,
Or at scaling the heights -
        she may reach her peak.
At the office HQ, she might be -
        the administrator!
Or travelling the globe, become -
        a circum-navigator!
Down at the farm, she could milk the cow -
Maybe drive the tractor, that once was a plough!
Whatever the outcome - braced with an impeccable
        style,
She will make her mark - blessed with that Smile!

Ron Amato

The Most Fabulous Drug In The Universe

Can you paint or can you draw
Make a tune, arrange a score
Assemble words into a line
Weave some magic, make them rhyme

Mould a statue out of clay
Play a guitar, write a play
Invent something bold and new
A wondrous thing conceived by you

Can you make the people look
Admire your painting, read your book
Make them chuckle, make them smile
Grab attention for a while

Have them talk when you're not there
Change their minds, make them aware
Have them wondering what comes next
Leave them impressed and perplexed

If you can you're fortunate
To hold this gift, how to create
And as some lives go bad to worse
You my friend have access to . . .
The most fabulous drug in the universe

John Ross

Bus-Stop Dialogue

'Sue, have you been away this year?
I really am concerned my dear,
you look quite pale,'

'Joan, see that shop that's called 'Anne Hale'
a long fur coat is in their sale
it must be quite a snip.'

'Australia, Sue was wonderful,
stupendous seas, and beaches - gosh!
too right, it's worth the trip.'

'I think that coat is really posh,
I'm sure it must be pure musquash,
I can't afford it yet.'

'Now Sue, if you take my advice,
the latest jumbo jet is nice,
and always safe to get.'

'But tell me Joan, what is the price?
the chance I'm sure we won't get twice,
I think it looks magnificent.'

'Why you could swim and swim all day,
in clear blue sky and glorious spray,
the surf is quite terrific.'

'Come Joan, I think we've just got time,
but is that bus a number nine -
or is it twenty-three?'

'You must agree, I think with me,
that we can all afford a spree,
just once in a lifetime.'

'But I would need a new bank loan
(or could I sell the car to Joan!)
I rather like the lining.'

'The heat is really not too bad,
though Brisbane, it might make you mad,
by May it's then declining.'

'That new fur looks not just a fad,
but here's our bus, how very sad,
say Joan, you been away yet?'

Arthur Phillips

Special People

The eleven 'Owlets' at Kingsthorpe Grove,
Have autism it is true,
But it makes no difference to who they are,
They're as special as me and you.

Although they kick and bite and scratch,
I love them all so dearly,
They also show such unique love,
Which comes across so clearly.

Their personalities are great,
They always do their best,
To be 'normal', but I say 'who cares,
If they're different from the rest?'

They each have individual traits,
Which makes them act the part,
Of the eleven most amazing kids,
Who I love with all my heart.

Julie Swan

As Sharp As A Pin

It's a pity but it's true,
My frayed ends are showing through,
But my mind is as sharp as a pin.

I've had repairs made here and there,
And my joints show signs of wear,
But my mind is as sharp as a pin.

My teeth are all false,
And my hairpiece of course,
But my mind is as sharp as a pin.

Now my hearing needs amplifying,
And my eyesight magnifying,
But my mind is as sharp as a pin.

With my varicose veins,
My stamina wanes,
But my mind is as sharp as a pin.

My walking pins are a bit wobbly,
And my knees have got knobbly,
But my mind is as sharp as a pin.

I've a bunion on my foot,
And a corn last time I looked,
But my mind is as sharp as a pin.

My get up and go,
Left a long time ago,
But my mind is as sharp as a pin.

It's not so surprising,
I've several years behind me,
But my mind is as sharp as a pin.

If it wasn't for my arthritis,
I'd have lots more to write us,
But my mind is as sharp as a pin.

No I haven't got a care,
'Cos my marbles are all there.
And my mind is as sharp as a pin.

P A Ilott

A Sob Story

Why do people hate me?
I cannot help making them cry.
It's just that when they look at me
a tear comes to their eye.

I don't mean to cause them pain,
and I'm quite a useful chap,
but tissue in hand they look at me
and tears fall in their lap.

I'm not sorry that I cause
this strange effect on man,
I must be strong to be of use
even grow bigger if I can.

Most of my life I stay in bed,
a lazy fellow me
but when hunger pangs begin to start
I soon appear for tea.

I quite like cheese *and* bread *and* pickle,
a tomato - not too ripe.
Stews *and* pies, *and* lots lots more
and don't forget the tripe.

I expect by now you are trying to guess
my name - it is a funny un'.
I'm hard and round and smell a lot . . .
I'm only a poor little onion.

Elizabeth Brace

Life

Who's to say, that this is not hell,
This earth whereon, as humans we dwell,
Chained by circumstance to this mortal
grind,
To be slowly driven from our feeble mind,

'Tis said we all our cross must bear,
Or find some one, who our troubles will share,
Stresses and strains, and aches, and pains,
That's our lot while life remains,

When at last we shake our mortal coil,
To be placed beneath the sods, and soil,
Then we our maker, must repay,
All just dues on judgement day,

Heaven is the promise to them who lived
well,
Damnation for us, who by the wayside fell,
If damnation is misery, and trouble, and strife,
Or burnt out desire, or misgivings from life,
Ponder these things, think on them well,
Are we truly, not now, then living in hell.

J Clark

Now

Now is the time of happenings
not then and when not that time or sometime
but here and now where life begins

We often forget to live each day
because we worry our life away
when we pause to see the sky
and note that it's blue and wonder why
we'll see the dew upon the rose
inhaling the perfume with our nose
we'll see the wider scheme of things
how small we are and how short the hours
when we look upon the flowers

So we must use each day to grow
and join life's pulsing ebb and flow
to nurture our soul in love and laughter
so we can live happy ever after.

H Penry

Rest In Peace

Let us open up our hearts
For our mortal souls soon part
Time so short 'til we depart
Living has become an art

Soon our time here will be done
Though it seems we've just begun
Fond remembrance, few or none
Now the judgement day has come

Time to depart this fatal earth
The time has gone, for what it's worth
Death upon us from our birth
Now to face an unknown turf

In prison here on earth I've been
Although I've been quite free of sin
A battle I could never win
I suffered solely for my kin

A peacefulness upon me lies
For now I'm closing both my eyes
To face the future that belies
Away from earth I'll surely rise

Zita Holbourne

Some People

Why do they crawl through a life of pretension?
Why do they lie so flawed for detection?
Why do they trifle with all that is best?
Why do they think selfishly and forget the rest?
Why do they? Why do they? Why do they do?
All the things wrong that effect us too.

Claire Evans

A Voice Of Reason

We are all laden with many good and bad times.
Some day is without reason, yet other it rhymes.
What happens in our days is a mystery.
Looking back, we reflect upon history.

I hope that I become for you a voice of reason.
Casting sunny spells over your rainiest season.
I try to measure and evaluate the full story.
Turning prevailing misery into some glory.

If one can in this day and age, keep a cool head.
One stands a much less a chance of dropping
Dead.
The human character and temperament says so much.
Whether on the affairs of life, one has a lasting
Touch.

A voice of reason helps to bring some meaning to
Nonsense.
Life for you and me, will at times be relaxed as well
As intense.
But some days if we are not careful, life will go into
A drive of its own.
Then we will really need to find rhyme and reason in
A private zone.

Reason or not in your life, making you both happy and
Sad.
If you call me to be by your side, I shall be extremely
Glad.

Asif Ali

Houses

Strangely varied are the houses that we live in,
Some in the country, and some in the town;
Some by the seaside and some on a hilltop;
Some we go up to, and some we go down.

Red brick terraces, row upon row of them;
Creeper clad cottages, standing all alone;
Blue-tiled bungalows in neat suburban gardens,
Some with timber cladding, and some of them of stone.

Isolated rectories with tennis courts and stables;
Black and white villages round tall church spires;
Lone among the heather, or deep in flowery meadow land,
Crofts in the Highlands, and farms in the shires.

Rows of miners' cottages in bleak northern villages;
White-washed villas by a sun-kissed sea;
Mansions set in parkland, and inner-city tower blocks
Some with seven storeys, and some with thirty-three.

Which of all these houses do the young hearts yearn for?
Wither do their thoughts turn, however far they roam?
Each and every dwelling place is Mecca to some wanderer.
That place is dearest that the heart calls 'home'.

M H Seymour

Why

Oh Muses hear my cry
'He was too young to die'.
Wrenched from family and friends,
For what purposeful ends?
   only one can answer why.

Life on earth was spent
In kindly temperament.
No more the laughter and wit,
But where was this writ?
   only one can answer why.

Husband, father, friend
He was until the end.
Now in Heaven he'll be
Until we joining, see the
   only one who can answer why.

Mary Smith

The Dawning

In ignorance we took shelter,
Hidden from precocious clutter.
Oh, what melee to dabble,
Upon a rampant flutter.
To divine a lascivious desire,
Which felled our skin upon skin,
How naked we actually were,
Contact: next of kin.

David Woolfall

Ancient

See the old horse standing, waiting,
wanting someone just to care.
Home is a field of bricks and wire
of grass it is quite bare.

A tangled mane and matted coat,
he hangs his head so low.
No sweet smelling hay, no oats to chew
just see how his ribs do show.

Now old and frail he stands and stares
when once he worked so hard.
He earned his keep and resting place,
a stall in a friendly stable yard.

Alone he knows the end is near
his lifelong struggles all in vain.
Won't someone pat his ancient neck
and spare some time to ease his pain.

Jean Selmes

Answered Prayers

A shadow is seen sitting in the midnight hour,
Holding a rose, which is now a dead flower.
He whispers a question so clearly,
Waiting for an answer, so patiently.

Suddenly, he stands up to feel the rain pelting down,
Then slips and hits his head on the ground.
His face is smudged from the mud on the floor,
As he casts his memories, to the days in the war.

He shivers with cold and crawls into a ball,
And thinks back to the days, when he had it all.
He was strong and always did fight,
Never would give up, until he was right.

From the fall that he has had,
He wants to die, he feels alone and sad.
He looks to the sky and says, 'Let me die,
Please help me Lord', he cried.

He turns his head, what does he see?
His family looking at him helplessly.
He thinks he can live, is it too late?
As he stretches his arms out straight.

His prayers were heard, his family came,
Now he will not live, each day in pain.
He has his memories, which are his past,
While he lives happily, with his dreams that will last.

Abida Haider

Guilty Conscience

Have you really been honest?
Have you told the truth?
Did you say you didn't?
When you know you did.
Perhaps you said 'I'm sorry I can't'
But you knew you could.
Have you kept quiet
When you should have spoke up,
Or talked
When you should have kept silent?
Has someone suffered
Because of you
Perhaps by deceit,
Or statement untrue?
If you have a guilty conscience
It's just between you and you.
It can make your life a misery
It can cloud the things you do.
You can't share a guilty conscience
It's completely down to you.

John A Gordon

Beauty

An ancient proverb tells us beauty's only deep as skin,
But I believe far greater beauty lies way down within.
The stormy oceans lashing waves, so turbulent and mean,
Hide from our view a silent world of wonder - still, serene.
Those fleecy clouds so wispy-white which steal across the sky
So oft conceal the beauty of the planets from our eye.
We see an egg of palest blue with speckles on the shell,
Let's not forget, as oft we do, new life inside doth dwell.
When summer flowers, in radiant bloom, delight and pleasure give,
Stored in a seed-box, out of sight, lie small new plants which live.
One does not buy a record for the pattern on the sleeve.
The beauty of the music will far finer patterns weave.
No matter how attractive is the cover of a book,
It's the interesting story baits the clever author's hook.
There's little to delight the eye in notes upon a sheet,
Interpreted by instruments their sounds give joy complete.
When one looks in another's eyes and sees green, brown or blue,
I ask you, 'Can you really tell if that one's heart is true?'
Real beauty, like a treasure chest, from searching eyes is hid,
Till seen in all its glory at the raising of the lid.
Don't be misled by what you see in one sharp, fleeting glance,
It could be but a camouflage, some defect to enhance,
But look beyond the outer layer which cloaks a surer kind
Of beauty grown from knowledge; seek that and you will find
Such beauty that you'll ne'er forget - a beauty God designed,
Good character, a loving heart and ever - thoughtful mind.

C W Foord

Euthanasia

Distraught with intense anguish
For to contemplate taking someone's life;
Means, pain you will truly extinguish.
Not under the surgeon's knife;
Who plays god and finishes life.

Excruciating pain invades the mind;
The executioner lives with the decision for ever;
Whereas the executed is mentally blind
To face the future will be never;
When the deceased organ is the liver.

Authority will have to use humility;
To alleviate unnecessary pain and suffering
And to all those concerned, dignity;
Instead of someone smothering;
After all the years of mothering.

It's wrong to dismiss a plea from the heart;
From those whose quality of life isn't free;
So authority will have to make a start;
And others' point of view, begin to see;
Or is it a case of not for me?

Both the living and the dying;
Are completely tired of sighing;
And worst of all, the lying;
For it's only time they're buying;
Perhaps the answer lies, with the dying?

Alastair Buchanan

Monday Morning Manic Mugshots

You're cracking up, you're cracking up, life's hit one more small
                                                    hiccup
You've always been around for me, sharing coffee, sharing tea
But now you're gone, alas, it's true, what can I do? What can I do?

So close to me you were a part - not quite what one has in their
                                                    heart
But close enough to understand, when I held you in my hand
Hot and steamy, I loved to feel you as my lips part to reveal
My morning breath - you never complained, your message still
                                        remained the same
When I was down you cheered me up - much more than a storm in
                                        some teacup
What will I do now that you're gone? How will I ever carry on?

You've been with me through good and bad times, holidays and even
                                        sad times
Those mornings after the night before when my head felt like a
                                        slamming door
You gave me comfort like no-one could and said just what you
                                        ought to should
No sarcastic, snide remarks; no, 'Where were you till after dark?'
Just hot and wet upon my lips held tight between my fingertips

I held you tight until yesterday when I felt you slip away
Just so quick, before I knew, out of my hand, away you flew
You hit the floor, a piercing cry from those same lips that you'd
                                        slipped by
You hit the floor and tumbled over, taking the impact on your
                                        shoulder
You may have been okay, I think, apart from spilling my morning
                                        drink
But my foot shot out to stop your fall and kicked you against the
                                        kitchen wall
You shattered, snapped, just like a twig - you looked so small and I
                                        so big
The biggest oaf you've ever met, my barefoot scorched and soaking
                                        wet
Kneeling down I gathered you up, much more than just a coffee cup.

Now mugs, oh mugs, I've seen a few, I've even bought and owned
some too
And mugs like you aren't easily found, I could spend a long time
searching 'round
The things you said each day to me aren't things that come out easily
To humankind who never say the things they really want to say
Your message plain in clear, bold words may have seemed to some a
bit absurd
'Friends aren't used then thrown away - good friends can be used
over and over again'.

Dave Mason

Chaotic Clarity

I expect when I die to go nowhere;
Not 'Heaven or Hell', or any eternal sphere;
Of secrets beyond the grave, . . . I don't believe;
A resistance to such thinking, is how I conceive;
I accept myself for what I am;
Overlooking the blatant obvious scam;
When I have somebody . . . I want no one;
When I have nobody . . . I want someone;
Reckoning on, - when I acquire something I'll lose it;
Predicting, when I have nothing . . . something I'll then, - never get;
Of 'great expectations', . . . I have none;
Just taking each day as it comes;
Musing as I do, is for you to guess;
Whatever you surmise . . . whatever you suspect;
Whichever way anyway, there's me's and you's everywhere;
So us in ourselves are not so rare.

Irene-Anne Fraser

Alone

Sitting watching the world go by
Lost in my thoughts,
Though I look
I do not see,
My heart as stone
So cold
So alone.

T P Parkes

Is This Really Cricket Chaps?

'Twas on a cool September morning,
Another cricket day was dawning.
I was obliged to escort my man
Tho' no way am I a cricket fan.

We left the house about eleven,
Think my spouse will take his bat to Heaven.
I've watched this game, year in, year out,
Still don't know what it's all about.

Devoted wives sit there all day,
Wouldn't miss a stroke of play.
But me - I must beg their pardon,
I'd rather be digging in my garden.

We all met at Mote Park, saw faces that we knew,
Could name a few and say, 'Howda ya do?'
For courtesy and manners must prevail
Tho' I could tell a different tale.

Some wives are not such avid fans,
Like me, they have different plans.
Some watch and chat whilst sitting,
Others, get on with their knitting.

We waited for our super lunch,
Drank our wine, had a good munch.
After that the chaps drank Port,
When they stood up, didn't need support.

Then on to the viewing green,
We took our seats, surveyed the scene.
The sun shone bright, the wind was cool,
I said to myself, 'You're such a fool,

You know you don't enjoy this lark,
But they can't play after dark.'
So hurry on this day of playing
For end of game, I'm praying.

Whether you like this game or not,
You're saddled with the guy you've got
Who hasn't left his school-boy days,
So don't deprive him of his boyhood ways.

'Spect lots of wives are just like me,
They let him go, set him free
To do his thing and play his game,
Otherwise, they'd go insane.'

Forgive me if I seem to be unfair,
But I never had this kind of flair
For this bat and ball game.
There are many others I could name.

I'm sorry chaps for all I've said,
Please - just take it all - as read.

(a woman's point of view)

Joanne Quinton

Night And Day

The days were long, sunny and bright,
Enjoying evenings tranquillity was a delight.
Watching long shadows of night progressing,
Until the dawn awakes and it shows it regressing.
Birds start the chorus that begins the day;
Once more animals come out to play.
The sun comes up to lighten the world abound,
After the darkness of the night sky all around.
Flowers refreshed after the dew on the leaves;
Plants replenished also will stand and please.
Night and day are wonders to be seen,
And the love of living worthwhile it has been.

Valerie Marshall

Computer

There once was a little computer,
Whose wits, though both humble and small
Were a very great help to its owner,
Giving really no trouble at all.
It had no tough macho requirement
To prove it was leading the show
It didn't need food or consoling
When its life hit a tumble or woe.
In fact it was truly a comfort
The way it turned dross into gold,
Taking ordinary nondescript papers
And somehow ensuring they sold
As 'seminal works' in their subject -
A surprise to their author no less
Than indeed to her senior colleagues
Who included themselves with address.
And all that it asks, rather wistfully,
Is a chance, now it's springtime and clean,
To write something that's really worth reading,
To escape to some magical scene
Where the sun always shines in Utopia
And the dew has a diamond gleam
And the sea is a shimmering sparkle
And the people all idle and dream
In leaf-shaded open-air cafés
At waysides, or let their gaze roam
Down the road that leads onward and outward
Till it finally circles back home.

Frances Searle

Somewhere

Somewhere in the silence of a vale
Daydream a delightful daffodil.
But not here.

Somewhere shaded, waterlily floats
And emerald flames from a thousand sylvan throats.
But not here.

Somewhere from still waters, hills rise high
Bear crimson clouds which gleam in a dusky sky.
But not here.

Elizabeth Stephens

The Conveyor Belt Of Life

We are placed on this Belt the day we are born
And it moves off gently and slow
Where it will go or when it will stop
Of course we have no way to know

As it goes on its way it keeps gathering speed
Over paths that are bumpy and rough
Sometimes it's smooth and we laugh as we go
But mostly it's rugged and tough

At times we all fear that soon it may stop
And our journey will come to an end
Though the going is tough the unknown is worse
Not knowing what's round the next bend

Too soon it will stop and we must get off
Without warning, band, drum or fife
The journey is short and will pass very fast
Such is the Conveyor Belt of Life

Where are we going? -
The question is stark
In a world full of greed, speed and pain
We rush, plot and plan with no time to spare
As if the whole world we were wanting to gain

The Doctrine to-day, or so it appears
Is 'get rich quick' by foul means or fair
Grab all you can, try to fool everyone
About honesty don't have a care

The one problem is when we've got all those things
When with all of earths Riches we're rife
We can't take them along for there's no room for them
At the end of the Conveyor Belt of Life

Michael Brady

Black Hole

Darkness is darkening,
It's getting cold.

Emptiness is seeping,
into a hole.

Darkness invades the hole,
that is empty.

Freezing it until it's,
darker than black.

The hole is cold,
dark and empty.

It's black like the night,
yet the night isn't empty.

As the moon shines,
bright in the sky.

We hear a whisper pass us by.

Whatever happened to that hole?

The one that was dark,
empty and cold.

Rhyannon Smith

Lost In Space

Silently, walking down the street,
Dark and miserable,
And needing something to eat.

Tired and cold,
But, nothing to do,
Scared that I'd meet, someone like you.
Feeling lonely, and finding no friends,
Wishing that my life would just end.

My eyes close, sleepily,
I feel weak and sad,
I drop my suitcase from my hand,
Hoping I'd fall, in another land.

Millions of miles away from home,
Lost in space, in another world.

Angela Tsang (17)

Heaven And Earth

Shining like a moonbeam,
Across the Milky Way;
Soaring with the planets,
Between night and day.
Travelling at the speed of light,
Shooting like a star;
Exploding like a supernova,
So near and yet so far.

Distant constellations,
Lighting up the sky;
A million points of light,
Staring out at me.
Right across the Cosmos,
This happy symphony;
Like lives interlaced,
Through all time and space.

Busy painting pictures,
Of this great tapestry;
The celestial sky;
The spiritual eye.
High up in the mountain tops;
The breeze touches me,
And the window of my soul,
See how your life unfolds.

From the cradle to the grave;
Striking for the astral plane;
Rising and falling,
For all eternity.
This tiny universe,
Nurtures the answer;
A broken illusion,
Some kind of mystery.

Peter Lake

Dunkirk

Fifty five years ago this week,
little boats sailed from the creaks,
through canals, and down the rivers,
to brave the Channels mighty rollers.
Engines chugging, spluttering, straining
across to France the lads are waiting.
Soldiers lying in the sand dunes,
hiding from the enemy fighters
crouching as they scream towards them
machine gun rattling spewing bedlam.
Patiently the men are waiting,
praying for a miracle to happen.
Little boats of every size,
bringing hope to the Armies eyes.
Yachts, Launches, Ferry boats,
Barges, Ketches, anything that floats.
Gathers up the ragged Army,
and turns defeat to a glorious victory.
Our little Ships, a heroic Fleet,
Fifty five years ago this week.

J Littlehales

Cursed

I awoke under a jet black cloud, it's 5 o'clock in the morning.
My heart so heavy, my senses numbed, I knew, my day was dawning.
So it's back again, this Devil's Curse, rearing its ugly head,
I must try to fight it, with tea and toast, but do I have to get out of
                                                                    bed?

The silence is deafening, the world is asleep, safe under a quilt,
I'm up and about in slippers and gown, brewing tea and about to
wilt.
Fight it, get dressed, brush you teeth, c'mon dear . . . let's get busy
I slump on the sofa, the telly goes on, all this thinking's made me
                                                                    dizzy.

And sofa is where I stay all day, apart from a trip to the loo,
I stare at the telly and punish myself for all the jobs I cannot do.
Go for a walk, face the world, answer that ringing phone,
I can't. The street noise has started to hum its familiar drone.

I'm desperately tired, my brain just won't stop, round and round it
                                                                    goes,
Back to the past, the hurt and pain, from all my friends and foes.
Think something nice . . . I'm rich, I'm free, I've got a wonderful
                                                                    lover,
But there's no point in pretending, acting it out, for I know it's just a
                                                                    cover.

It's bedtime again, hurrah, whoopee, I've made it through the day,
I melt into the bedclothes warm and safe, I adore my bed in every
way.
Now I will sleep in peace at last, my brain will torment no longer,
Tomorrow I will wake full of joy, please Lord, help me to be a bit
                                                                    stronger.
            Goodnight.

Hayley E Hanson

Perfume

The smoking wick of an extinguished candle.
The burnt out shell of a firework spent.
The plastic dash of a car interior.
The aroma of cologne and sweet scent.

Tobacco and beer and the staleness of breath.
Heat from the fan and occasional sweat.
A hint of cow rising up from the back.
And a damp dog smell from my coat.

A bottle so tactile and smooth to the touch.
Encased in a box perfectly wrapped from the shop.
A gift for a parting, so spray if I dare.
All the smells of a passion released in the air.

I wear
The wax match smoke fumes and beer on his breath.
Plastic and leather, wool, rain and sweat.

Kate Hensher

Dreamtime

I have danced in dreamtime,
And seen the flashing lights,
That whirl all around us in the darkness of the night.
I have seen the energy that makes our lives seem whole,
Time and place are neutral there our bodies are no-more.

In dreamtime there is no time for time has stood still.
Where fear and death no longer has meaning to us all.
There we fly without unease our spirits free to soar.
The whirling lights and energy consuming us once more.

Sue Snow

Bad Dream

Lonely I lie
Reality impinges upon me.
Unbidden, unwanted it comes.
Echoes of a distant mystery.

Maps of the mind
Dark with horrific fear.
Death stalks at night
Tormented cries I hear.

Enveloped in the unknown.
Lost in an empty state
A black hole of despair
No other soul within this place.

But then came a little
Seed of love.
Like space - dust amidst the stars
Heralding an interstellar dove.

Or a homing bird no-doubt
Fluttering in the labyrinth
Of my brain cells
Leading me out
Joyfully as my tears swell
To that waking state
I know so well.

Derek Munden

Warrior Poet

He was at Hastings and Agincourt,
He was at Bannockburn and Waterloo,
He was at Jutland and Trafalgar,
He was at the Battle of Britain, with 'the few'.

He met Joan, the 'Maid of Orleans',
He met William Shakespeare, 'the bard',
He met Mary Queen of Scots,
He met the poor, the rich, the weak, the hard.

The 'Warrior Poet' was everywhere,
In war and peace,
The mighty scribe did recall,
Events through the centuries,
Adjectives did flow from his pen,
As blood did stain the battlefields,
The word can penetrate shields,
Better than sword, axe or lance.

Ian Mowatt

A View

Sometimes we climb up the Beacon Pike
And take a good look all around;
To the West we see the Lake District hills
And beneath us is old Penrith town.

With its myriads of houses and buildings
It is hard to spot any one place;
We must look for a well-known landmark
And from there anything we can trace.

There's the ruined old castle by the station,
And the motorway's thronging with cars.
It is just like a giant jigsaw puzzle
And we must fit in all the parts.

Now turn to the back of the Beacon
And look to the East to the fells,
The Pennines, do you feel their magic?
Have you fallen under their spell?

There is something about them that draws you
Like a magnet or a moth to a flame.
David wrote 'I lift mine eyes to the hills'.
I am certain that he felt the same.

As I look all around at the beauty
Of scenery so green and so grand,
My heart tells me 'look no further,
You have found God's own promised land'.

Marlene A Allen

The Rinse

'O Gawd,' she cried, from her front door,
'O Gawd, look what I've done,'
A pair of frantic waving arms
Weren't waving just in fun.

A turban tied around her head
Then slipped to show a fright,
The shade of green was mushy peas,
Not a very pretty sight.

I said, 'I see you've done your hair,'
I could have bitten off my tongue,
Her face, bright red, clashed with the green,
My neck, she could have wrung.

I thought a bit before I tried,
To pacify the sight,
That really was so ghastly,
It left my tongue quite tied.

'Would you like a cup of tea,'
'To calm you down a bit?'
'A cuppa tea?' she choked at me,
Again I bit my lip.

And then she calmed, and dropped her arms,
And said, 'What can I do?'
'Here,' I said, 'I've got a wig,'
She smiled and said, 'Thank you.'

Monica D Buxton

The Necessity Of Reality

As the sweet, fresh smell of laundered linen
Wafts from the line
Mingling with the bouquet of
Wild basil, mint and thyme,
I languish on the terrace
Drenched in Umbrian sun
Sipping cappuccino
My morning's lavoro done.

Soon I must return to reality;
Exchange my cappuccino
For a watery cup of tea,
Though as the cogs and wheels of cleanliness slow down
I try to forget,
That reality is here,
Here, in this Notting Hill launderette.

Evelyn Voigt

The View

I sit here
looking out the window;
A shed . . . a pole . . . a line of clothes . . .
A majestic tree that branches out upon a
    dull and dreary canvas . . .
Dark clouds that hide an ozone layer
That . . . anyway . . . I can not see . . .
That . . . anyway . . . might not be there;
Indeed, am I here waiting for the sunlight
Or the dawning or eternal night?
I do not know
Nor, in my present mood,
Knowing, do I think I'd care.

Some scrapiron and a broken door
Upon an unnatural heap of sand . . .
A one-time bed upon which who had lain?
A sometime door that had kept out the rain
Or maybe just the long nose of curiosity?
Some smaller, feebler trees aspiring to the
    sire's majesty
And reminding me a bit of me . . .
A discarded old-fashioned chair without a seat . . .
A facade of turf to give off heat . . .
And sundry other useless things that once were
    new and in demand;
A little like myself, perhaps?
I do not know; nor knowing, would I give a shit.

The weather's been atrocious all this week
And fits me like a tailor-made physique;
A clutch of hens are pecking at the grass,
Horizoned by green fields and far-off woods,
And in the middle-ground a large, deep pit
Wherein I could be lost from an anonymous world
That knows me not;
Nor knowing,
Would it give a damn;
Which suits me fine in my despair
Because I do not particularly care;
Nor caring, could I make a worthwhile mark.

Thus I sit here . . .

C Mullally

A Bottle Of Laughter

If only we could market laughter,
We would have little need for drugs and greed,
This would be a miracle cure,
For a world made sad,
By all that is bad,
Faces would be happy, smiling,
If only, if ever . . . when?

M Phillips

Loving Life

There is a lot more to life than love, like
life itself.
Life treads on the border line of death so
closely.
When you lose an item that meant a lot
but then find out a close friend will
lose their life through ill-health you
realise how insignificant it was.
Strive for love thinking it brings
happiness, but so many other factor's are
needed.

Keeping things in, is sometimes the best thing
to do.
Living life to tell others how you feel, but
inside is where it is from, and that's
where it should stay.

If somebody really wants to know let
them prove they really want to know.

Nothing good lasts forever.

Unhappiness is there only because happiness
can never last.

Cormac Donaghue

The Burglary

The jewels are stolen,
gone to one who sought them.
I have not sort them
so I shall not miss them.

Those who did give them to me
linger in my heart
and nourish still my soul.
All we possess for ever
cannot be brought or stolen.
Poor little thief
yours may be need far greater
than my own.

Jean de Leon Mason

Shadows

We walk in the shadows.
A midnight street is our domain.
No safety with the open day
Where only our shadows may touch and tarry.
A moments brief encounter
Or stolen gorgeous seconds
With your tender touch.
Only on the empty street may we stop and meet
When prying eyes glance away
Then . . . cavort and sing,
'Our candle burns a purer flame'
'Our candle sheds a whiter light'
Our candle? . . . locked in the darkest room.
But it's our candle, all the same.

Yes we live-in the shadows.
But there's no safer place to be.
People look, but seldom see
Such shadow-folk as we.

Jonathan Gilburd

Missing You

Kettle boiling,
Porridge cooked,
Search madly for keys, clothes, money,
No organisation,
Fridge open - no milk!
What a life!

Different direction to-day,
Map in hand,
Traffic - fumes,
Then! Stephen's Green,
Ducks, birds, water -
Trees, leaves,
Heaven in the midst of madness.

Computer operations,
Chats - coffee,
Concentration,
Heartache - missing you.

I hear your voice,
I hear your laughter,
I wonder what you're doing, thinking,
I'm so in love with you.

Endless day,
Over at last,
Tomorrow is fast approaching.

(Written for all of us who have loved)

Cathy B O'Brien

Island Woman

Was it harsh here on a winter's eve,
When the waves roared in, and the
Wild Atlantic wind whistled through
Meagrely - felted rooftops?
Little wonder your houses snuggled close,
For creature - comfort.
Did you hug your children
To your breast for solace,
Praying your menfolk would return
From a bleak days fishing?
Did you spade and fetch home turf,
Carry your buckets to the well?
Did you love and laugh here,
Live you life to the full here?
Strong, elemental woman,
Island woman of yesteryear.

Anne Kelly-Hinds

Pandemonium

Straight for the jugular was the usual routine,
Caused all the pain without being seen.
Set out to fight with judicial frame of mind
And left the trace of kummel trailing behind.

Caused too much hurt and laceration,
To this, a weak and languid nation,
And before I had time for nicatation,
He plunged with niblick, without hesitation.

Practically an expert according to the law,
But they had never seen him blunder before.
He said it was merely a teaching of morality,
The endemour of corruption who couldn't face reality

No longer can we circumnavigate his extreme behaviour,
So rely on clairvoyancy to be our saviour.
As we are led down his cimmerian path,
To create an unknown aftermath.

This scandal must be eradicated now,
It matters not that I won't endow.
Just rid me of this eschatology,
And put an end to idiosyncratic ideology.

Kristina J L Walls

Race Of Life

There's pleasure in most sport
Also there's much to purport
Training and dedication
A lot of consideration.

Life itself can be a race
We ourselves set the pace
Being a good sportsman
Always doing the best we can.

With much deliberation
In any situation
That may well occur
Holding fast so we don't deter.

Always keeping on course
So then there's no remorse
Being able to overcome
That is the final sum.

At the end of the day
We surely then can say
I've striven to reach the goal
Without losing self-control

If we have faith in the Lord
We are always assured
Of His wondrous grace
As we finish life's race.

Dorothy Price

The Land Of Make-Believe

The land of make believe will thrive
it just needs children to survive
to play their games and dream their dreams
and have no fear of things unseen

In children's minds this land holds space
a weird and wonderful imagination place
where you can journey if you dare
to find the monster in its lair

To fight the battle and win the war
and cast the evil from our shore
to ride triumphant through the crowd
holding the silver banner proud

Watch for the rainbow, red, green and gold
the miracle awaits a sight to behold
direct from the rays this creature is born
white, proud, silver horned a Unicorn

The mist rises from the enchanted lake
the magic spell your soul to take
an eerie silence descends the hill
beware the beast who stalks to kill

The wonders of this world you'll find
deep in the recesses of your mind
don't forget them there always there
as long as adults and children care

H Stones

Love (Read the Label)
(My friend in a Russian lounge)

Love is a massive headache,
A shining light upon the mind
Shutting out logic.

Real love signs
Are jealousy and spite,
Broken upon a morning.

Awaiting the phone call,
Listening intent
Clutching at straws.

Breaking for contact
Alone in the dark
Still; hoping.

Have you got the bottle,
You will need all of the paracetamol
When caught by its fever.

David John Williams

Shades Of Colour

Blue, brown or green
Are but colours of the eyes
How beautifully are shades of the rainbow
Across sun rainy clouds
Consider what manner are we all so different
Than in outer pigmentation
Consider what manner also are we all so alike
Without blackness would white become void
For nature's intelligence made them so
As complimenting to one another
Blending into the beautiful union
The colour of polished gold
Take a look at the flowering plants
In the garden of shades
The amalgamation of colours so diverse
Glows in intense loveliness
Calming to some, healing to others
We all represent beauty
As different as colours of the eyes
And just like in the garden of flowers
Individual ugliness is refined in the maze
of shades of colour.

C Duru

Woman

You are my keeper, my confidante, my nurse
my cook, my accountant, my purse
you are my life fibre, my spiritual protein
my emotional landscape, my picturesque scene
you tolerate my macho ways
endure my petulant days
I'm captivated by your sensuous gaze
entranced by your mysterious ways
you control me, spin me in a spell
can tear me apart, create my hell
you're practical, so naturally theatrical
you are addictive but never predictive
you are the source of my first tears
the mind of my paranoid fears
you motivate my bones, bake my scones
endure my moans, moderate my elevated tones
you save me from twenty four hours of sky sports
and childish male cohorts
you endure my childhood, my adolescence, my manhood
tolerate madness that no man would
you are my beat of emotion, my intoxicating potion
are my first kiss, my nemesis, my eternal bliss
my joy, my love, my grief
my psychoanalyst with comic relief
you are my partner from cradle to grave
the mother, sister, lover, I eternally crave.

Paul Gallagher

The Impostors

No words to describe, the crimes that you gave,
Committing the children, to an early grave.
Hindley and Brady, hang 'em we shout,
Waste in jail, you'll never get out.

Thomas Hamilton, seventeen souls you did take.
A pact with Satan, evil the stake.
Burning in hell, run but can't hide.
Thought you'd slip away, through suicide.

Dennis Nilsen, crazed killer for sure.
With drink and drugs, men you would lure.
Tortured with knifes, endless pains.
Bodies stacked high, concealed in the drains.

Twisted and perverse, blaming each other.
In gardens and fields, the soil did cover.
Broken dreams and rotting bones, where's the rest.
Pay the price Rosemary, wife of Fred West.

The Yorkshire Ripper, stalking on sight.
You sought to slay, ladies of the night.
Infamous and imprisoned, 'tis you the whore.
Your time to repent, in grisly Broadmoor.

Alexander Campbell

First Love

1992, the end of November
The day I recall, the night I remember
The first time we met, the first time we kissed
The first time I loved the concert I missed.

It then took three months for us to get together
And when we did I knew that this love would
Last forever.

But it was not long before we grew apart
We were so young and innocent yet it clearly
Broke my heart.

I felt we could not go on, I thought we would never last
But as the years went by, I could not forget
Our past.

We both had different relationships but they just
Were not the same.
And my heart skipped numerous beats everytime
I heard your name.

We spent some time together during the time
That went by
And little did I know I'd be so lucky to
Have another try.

When you came back into my life,
It was a dream come true.
This time I hope it lasts forever,
'Cos I'd die if I ever lost you.

Anita Mullen

Farewell Mother Teresa

Mother Teresa,
Unselfish and sharing,
The essence of loving,
The core of all caring,
You helped all the poor,
The sick and the dying,
For all infants cause,
You were incessantly trying

Spiritual and kind,
Your faith was undaunted,
Worldly riches,
You never wanted,
Humble, sincere,
Thoughtful, and true,
These words just begin,
To try portray you.

From this world,
You've now parted,
Where you toiled,
'O' so much,
But you'll forever,
Be remembered,
For your unique,
Gentle touch.

Farewell,
Mother Teresa,
You've now journeyed,
To your rest,
We're so sure,
You've been welcomed,
As Gods own,
Special guest.

K Blanchfield

Death

I am a Demon
Black as night,
I am a Dragon,
That breathes fiery light,
I am a Snake
With a poisonous bite,
I am a Beast
An unholy sight.
I Am Death With All
Its Might!

Duncan Cook (8)

Words

Sometimes I feel I can't take anymore
So I go out and I buy myself a score
Because it makes me want to sing even more
Even more, even more.

I sing the songs I've been into for so long
I take my time so I get through the song
And hope I don't get a single word wrong.

I find it hard to find the tunes for my words
And please don't tell me you no longer care
Because it seems a shame to end the love that we shared

I try so hard to get this song a-float
So I try to find the right musical notes
But I still can't find the right tunes for the words I have
Wrote

I saw the headline on the newspaper today
I never thought the world would turn out that way
So the next time I sing I'll have something to say
Next time we play, next time we play.

P Morrison

Our Grandson

Strong gales circle the house with
Icy winds and rain beating off the window
Leading drops of rain racing each other to the end
In bed, awaiting the call, listening, safe
Thoughts, quietly reflecting like shadows
In the silence of the room
A long sleepless night twisting, turning
Staring at the ceiling. Waiting
Fearful of a sleep that would deprive us of the call

A piercing sound - A stillness broken to tell us
He had arrived, and both were well
Doors opened - Voices raised
It was Saturday November 16th
The word was spread and family told
All shared our joy
Swift of hand, secret presents appeared
And off to see our boy
There, happy, smiling and handsome too

At a time of sadness and loss, he arrived
Bringing joy, new hope, new life
At night in the clear sky new stars appear
Placed by family past to welcome their own
A happiness shared, we join them and
Welcome this special boy
Who is he you ask?
He is Evan Ross
He is our grandson.

Michael P MacHale

136

The Horse

Oh noble creature of the earth,
Fleet of foot, of noble birth.
Legs like a stag
Slender and long
Always on the go
Never stopping,
Only to graze;
A magnificent head
Upon a fine neck
With trusting eyes
A wild animal by far.

For you are the horse
Sometimes called the equine.
Man has tamed you -
The fiery eye has gone,
Peace has replaced it
No more roaming free for you,
But when you are in your stall at night
You still dream of running free on the plains.

Roxanne Ward

The Young And The Old

I am young and you are so old
I know the way I won't be told
Your life is over you've had your day
And I am young and know the way

I might be old but I am wise
You won't see life just through my eyes
Thus I can be your willing guide
So listen then forget your pride

With my old head and your young frame
You'll soon learn to play life's game
With some wise counselling in your brain
You will find you have so much to gain

B Kern

Featherless Bird

A small grey bird
rests on the windowsill.
It's made of clay,
texture unfeathery
yet the shape captures the presence
of a bird's nature.

Wings of clay, so never to fly;
forever on verge of soaring high.
As figures on Greek vases,
the image fresh
as Keats' in sonnet ever tells.

Feet of clay, flightless creature,
remind of man
aspiring high
with no wings for the sky.

Hilary A Hellicar

Untitled

The hopes and dreams
Of yesteryear
Were sweet

The future there
To bring me
So much joy

But the future
Became a nightmare
Best unsampled

While the seeds of dreams
Grew to shadows
That blocked the sun

K Darby

EL CONDE
LUCANOR
O
LIBRO DE PATRONIO

Grandes Autores
Literatura Universal

◆ *Grandes Obras — Literatura Universal* ◆

José Hernández
Martín Fierro
Leopoldo Alas "Clarín"
La Regenta - I
Leopoldo Alas "Clarín"
La Regenta - II
Homero
La Odisea
William Shakespeare
Hamlet
Jean-Jacques Rousseau
El contrato social
Fernando de Rojas
La Celestina
Gustave Flaubert
Madame Bovary
Enrique Güiraldes
Don Segundo Sombra
Platón
La República
Franz Kafka
América
Gustavo Adolfo Bécquer
Rimas, Poemas y Cuentos
Alejandro Dumas, hijo
La dama de las camelias
Maquiavelo
El Príncipe
Rubén Darío
Poemas selectos
Virgilio
La Eneida
Molière
Tartufo / El Avaro
Apuleyo
El asno de oro
Gustavo Adolfo Bécquer
Leyendas
Johann Wolfgang Goethe
Fausto
Tomás Moro
Utopía
Juan Ruiz de Alarcón
La verdad sospechosa
Friedrich Nietzsche
Así hablaba Zaratustra
Francisco de Quevedo
El buscón
Amado Nervo
Poesía selecta
Petronio
El Satiricón

Khalil Gibrán
**El Profeta - El jardín del Profeta -
   La voz del Maestro**
Oscar Wilde
El retrato de Dorian Gray
Jorge Isaac
María
Daniel Defoe
Robinson Crusoe
Joseph Conrad
Un vagabundo de las islas
Calderón de la Barca
La vida es sueño
Voltaire
Cándido
Homero
La Ilíada
José Ingenieros
El hombre mediocre
Anatole France
La isla de los pingüinos
Don Juan Manuel
El conde Lucanor
Rabindranath Tagore
**Gitanjali - El jardinero -
   Los pájaros perdidos**
Eurípides
**Las Troyanas - Las Bacantes -
   Los Heracleidas**
Julio Verne
Viaje al centro de la tierra
Sor Juana Inés de la Cruz
Antología poética
José Zorrilla
Don Juan Tenorio
Ovidio
Arte de amar - La metamorfosis
Jean-Arthur Rimbaud
Poesía completa
Horacio Quiroga
**Cuentos de amor, de locura
   y de muerte**
Jenofonte
La expedición de los diez mil
Washington Irving
Cuentos de la Alhambra
Juan Valera
Pepita Jiménez
Domingo Faustino Sarmiento
Facundo o Civilización y barbarie
Ambrose Bierce
El puente sobre el río del Búho

Don Juan Manuel

EL CONDE LUCANOR

O

LIBRO DE PATRONIO

Edición y notas
JOSE IBAÑEZ CAMPOS

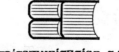

EDICOMUNICACION, S.A.

El conde Lucanor

© 1994 by Edicomunicación, S. A.

Diseño de cubierta: Quality Design

Edita: Edicomunicación, S. A.
         Las Torres, 75.
         08033 Barcelona (España)

Impreso en España /Printed in Spain

I.S.B.N: 84-7672-709-7
Depósito Legal: B-32082-94 (XII - 1994)

Impreso en:
Limpergraf, s.a.
C/. del río, 17 - nave 3
Ripollet (Barcelona)

ESTUDIO PRELIMINAR

Don Juan Manuel: el hombre y su mundo

Nació en Escalona (Toledo) el 6 de mayo de 1282, era hijo del infante don Manuel, hermano de Alfonso X el Sabio y de su segunda mujer Beatriz de Saboya y nieto de Fernando III el Santo. A los dos años, huérfano, heredó de su padre el cargo de Adelantado de Murcia. Fue educado esmeradamente como correspondía por su linaje. Al conocimiento del latín, básico en el saber de su tiempo, unió el del árabe, con el que enriqueció notablemente su cultura, leyó a Ramon Llull en catalán, por el que sintió gran admiración. Paralelamente aprendió el manejo de las armas y todos los secretos propios de la caballería, necesarios para su elevado rango.

Entró en la corte muy joven, a la vez que intervendría en su primera batalla contra los sarracenos (1294). Fallecido su primo Sancho IV el Bravo, resucitaron los problemas dinásticos planteados por la herencia de Alfonso X en los Infantes de la Cerda y la intervención de Aragón; las tierras murcianas de Don Juan Manuel eran manzana de la discordia entre los dos grandes reinos cristianos peninsulares y éste tuvo que trampear la situación, ora aliándose con Jaime II de Mallorca (efímero casamiento con Isabel, infanta de Mallorca en 1299, por muerte temprana de ésta) y concierto de matrimonio con Constanza, hija del soberano aragonés Jaime II el Justo, lo que provocó la enemistad con el inepto Fernando IV de Castilla.

Fallecido Fernando IV (1311), intrigó durante la larga minoría de Alfonso XI hasta conseguir la regencia, bien que compartida con la reina madre doña María de Molina, hasta la muerte de ésta y con el infante don Felipe.

En 1325 se inicia la mayoría de Alfonso XI, monarca enérgico que anula a don Juan el Tuerto, otro corregente, al que elimina del mundo de los vivos, mientras con don Juan Manuel intenta neutralizarle, solicitando la mano de su hija Constanza. Cuando en 1327 se concierta el matrimonio del monarca con María de Portugal, don Juan Manuel, ofendido, se "desnaturaliza", arrastrando con su rebeldía a otros caballeros principales. En 1334 vuelve a la concordia real y entonces se titula príncipe de Villena. Su hija Constanza contrae matrimonio con el heredero portugués.

Deseaba convertirse en árbitro de la monarquía castellana con el apoyo aragonés y lusitano. Pero Alfonso XI, celoso del predominio de su vasallo se opuso a sus planes y, tras porfiada lucha, terminó derrotado. En 1329 había contraído terceras nupcias con Doña Blanca Núñez. En los últimos años de su vida se apartó de las intriga políticas, pero en la lucha de la reconquista volvió a la fidelidad de su rey participando en la gloriosa jornada del Salado (1340) contra los benimerines. Falleció probablemente en Córdoba en la primavera de 1348.

Producción literaria

En don Juan Manuel confluyen la actividad de caballero-hombre de armas con la de clérigo-hombre de letras. Clara evidencia de la transformación que estaba ocurriendo en el siglo XIV camino de una nueva época. Sin embargo, tenía a quien parecerse, pues su tío Alfonso X mereció el sobrenombre de Sabio.

De su valiosa producción literaria ha de citarse la histórica *Crónica abreviada*, que es un extracto de la *Crónica general* de su tío, pero sus tres obras fundamentales son: el *Libro de los Estados*, el *Libro del caballero y el escudero* y *El conde Lucanor* o *Libro de Patronio*.

El Libro de los Estados. Don Juan Manuel se nos presenta en él como un lejano antecesor de Maquiavelo. La exposición doctrinal se halla sostenida por una simple trama novelesca inspirada en *Barlaam y Josafat*. Viene a ser una cristianización de la leyenda del Buda. El rey pagano Morován confía la educación de su hijo, el príncipe Johas, al preceptor Turín, advirtiéndole que le debe ocultar las cosas imperfectas, entre ellas la muerte. Circunstancia pronto imposible porque el príncipe se encuentra con un cadáver. Ante sus preguntas, Turín no tiene más remedio que explicarle la condición humana y el sentido igualitario de la muerte para todas las clases sociales: todos nacemos, crecemos y morimos y sólo nos diferenciamos por el papel que representamos.

Incapaz de seguir más allá, Turín solicita la ayuda del predicador cristiano Julio, de origen castellano, que introduce al príncipe en cada uno de los estados sociales y termina por bautizar a los tres en la religión cristiana. Don Juan Manuel inaugurará la preocupación temática por las postrimerías, singularmente la muerte que alcanza a todos, desde el Papa y Emperador al último vasallo y cuya máxima expresión serán las *Coplas de la Muerte* y las *A la muerte de su padre*, de Jorge Manrique. Sin embargo, en don Juan Manuel el planteamiento es más intelectual que sentimental, careciendo de patetismo.

El libro del caballero y del escudero en el que éste, camino de unas Cortes, se encuentra con aquél, anciano que hace vida de ermitaño y que le instruye en la caballería y en lo que atañe a los ángeles, estrellas, hombres, bestias, árboles y elementos. Se trata de un doctrinal de caballeros, pero a la vez de una Enciclopedia del saber de la época a la manera de las *Etimologías* de San Isidoro y a la que no es ajena la obra de su escritor catalán favorito, el *Libre del Orde de Cavaylerie,* del mallorquín Ramon Llull.

Estudio especial del *Conde de Lucanor*
o Libro de Patronio

Se trata de su obra más conocida y divulgada y que se adelanta trece años al famoso *Decamerón,* de Bocaccio. Consta de cinco partes, pero al verdaderamente interesante es la primera, una colección de cincuenta y un apólogos (cuentos con moraleja) que Patronio, ayo del Conde Lucanor, va refiriendo a su amo, cada vez que éste le pide consejo sobre algo.

La fórmula de ilustrar las enseñanzas por medio de cuentos no era nueva. Es una costumbre oriental (Recordemos a Jesús hablando en los Evangelios en parábolas) introducida en la península por los árabes (*Calila y Dimna, Sendebar,* etc.) y de la que, ya en el siglo XII, nos dio ejemplo Pedro Alfonso, judío de Huesca, con su *Disciplina Clericalis.* La iglesia cristiana siguió firmemente el procedimiento señalado por su maestro y los dominicos, Orden a la que era muy afecto el infante don Juan Manuel, quienes lo utilizaron mucho... No es de extrañar pues, que don Juan Manuel siguiera esa tradición, que acudiera a fuentes diversas para tomar los cuentos que consideró más aptos para ejemplificar su doctrina.

Sea como fuere, el procedimiento no menoscaba ni un ápice su originalidad: su arte narrativo confiere nueva vida a la anécdota gracias a la inteligente distribución de los elementos que la integran, combinando de forma hábil narración y diálogo, y trasladándola con maestría a la realidad contemporánea de los reinos peninsulares. Con una excelente penetración psicológica, don Juan Manuel hace sobresalir los trazos característicos de los protagonistas de cada relato y, con un lenguaje conciso, todavía propio de la época, sabe llegar a los detalles, hace atractivo el argumento e incluso llena de franco humor lo que podría haber resultado un frío y prosaico relato.

Escribe Angel del Río [1] que en el aspecto moral nos sorprende la cantidad de problemas humanos de que se ocupa: la vanidad, la avaricia, el desinterés, la hipocresía, la resignación ante la pobreza o el infortunio, la ingratitud, las relaciones de poderosos con el pobre, las cuestiones matrimoniales y familiares, las mañas de las mujeres, los múltiples engaños de que puede ser víctima el hombre o problemas de tipo abstracto, como la predestinación.

Un asunto falta en *El Conde Lucanor:* el campo estrictamente erótico-amoroso, a diferencia del *Decamerón*, de los *fabliaux* franceses o de los cuentos de Chaucer, más próximos al Arcipreste que a don Juan Manuel. Salvo esta faceta, el noble-literato nos sorprende con sus enseñanzas rebosantes de gracia e indulgencia, producto de un depurado meditar. Ante lo cotidiano, su reacción es práctica y mesuradamente cínica a un mismo tiempo.

En sus ejemplos con animales recoge las enseñanzas de Esopo y los orientales: la previsión de las hormigas, la zorra que se hizo la muerta, el cuervo que tenía un pedazo de queso en el pico, la golondrina cuando el hombre sembró lino, el gallo vencido por el miedo cuando se había refugiado en un árbol, los dos caballos enemigos que se unen frente al león, el halcón contra el águila y la garza, etcétera.

1 Río, Angel del: *Historia de la Literatura española.* Barcelona. Ed. Bruguera, 1981, Vol. I, pág. 178.

Los relatos con seres humanos como protagonistas proceden también de fuentes orientales: el del hombre que comía altramuces, el de doña Truhana y la olla de miel. En algunos interviene el aspecto novelesco: el hombre que se hizo amigo del diablo; obras veces aparece la magia: el del deán de Santiago y don Illán; con carácter alegórico: el del Arbol de la mentira; o que recrean leyendas, episodios o anécdotas de protagonistas de la historia medieval: los dos del conde Fernán González, el del adelantado Pedro Meléndez, el rey taifa de Sevilla, y de Romaiquía, su mujer, que tuvo el capricho de contemplar nieve en Córdoba en primavera y, para complacerla el monarca hispanoárabe ordenó plantar almendros de forma que al florecer éstos diera la impresión de que la sierra se hallaba nevada; algunos como el de "mancebo que casó con mujer brava" será fuente probable para la famosa *Fierecilla domada,* de Shakespeare, o el de "los burladores" para el *Retablo de las maravillas* cervantino. El ya citado de doña Truhana es ni más ni menos que el antecedente del cuento no menos conocido de "la lechera", etcétera.

Todos terminan con la correspondiente sentencia: "Quien te aconseja encubrir de tus amigos, sabe que más te quiere engañar que dos higos", reza por ejemplo, el final del de los burladores, tras haber descubierto al rey el inocente que poco le importaba su honra, que aquél iba desnudo.

Carlos Alvar, en un magnífico estudio, resalta la importancia del *Lucidario* como antecedente de *El conde Lucanor,*[2] obra del tiempo de Sancho IV de raigambre latina y occidental que patrocinó el propio primo de don Juan Manuel. Ahondando en el tiempo, la primera fuente del *Lucidario* habría que buscarla en el *Elucidarium*, escrito probablemente hacia 1095 por Honorio de Autun y presentado

2 Alvar, Carlos y Palanco, Pilar *D. Juan Manuel. El conde Lucanor*. Ed. Planeta, Barcelona, 1984.

como un catecismo de doctrina cristiana. El *Lucidario* va más allá y adopta un marco narrativo muy próximo al del Conde, sin la riqueza de estilo y forma que logrará don Juan Manuel.

Junto a la primera parte, la más atractiva, el Conde adjunta el *Libro de los proverbios* (partes II-IV) y el *Tratado de doctrina* (parte V); ambos poseen un carácter tan diferente de la primera que pueden ser consignados o no junto a ella en las diferentes ediciones.

Estilo

Don Juan Manuel, escribió Menéndez Pelayo, es el primer prosista de la literatura castellana que posee estilo. El primero además que se propuso tenerlo. Así nos lo confiesa en el propio prólogo del *Conde* y en otra de sus obras: escribir con un ideal artístico: "con las palabras más hermosas que pude" y declarar las razones "con las menos palabras que pueden ser". Para ello acudirá a veces a formas concisas del lenguaje popular, como el refrán. Esa conciencia artística se manifiesta en su deseo de conservar las obras, expresado en el prólogo del *Libro del caballero y el escudero* y el haber realizado catálogo de ellas.

De esta forma, dejó pruebas de que sentía profundamente su responsabilidad como prosista. Ni era un juglar que se comunicaba con el público a través de un espectáculo, ni compuso sus obras con la generosa vena del Arcipreste, sin la menor preocupación de si ciegos, escolares o juglares, todos ellos vividores de la caridad pública, le corregían al recitarle. Por primera vez en la historia de la literatura castellana, Don Juan Manuel respondía de sus obras con plena conciencia y, como se daba cuenta de que para su difusión se harían diferentes copias, que al ser de manos diversas podrían presentar variantes sin que él hubiera dado el visto bueno, con el fin de que no se le atribuyera nada que no hubiera salido de su pluma, depositó los originales de todos sus escritos en el Monasterio de Peñafiel, como fuente auténtica de información para quien deseara consultarlas y cotejarlas.

La originalidad de don Juan Manuel hay que buscarla en la forma y no en el contenido. Por eso lo más original es su estilo. Su objetivo fue la consecución de obras más literarias y singularmente más didácticas. De esta forma, tanto valor poseen las palabras como la temática. En don Juan Manuel no existe palabra que no haya sido mesurada y escogida con la ayuda de la Retórica. Así pues, como la reflexión estilística alcanza un lugar destacado, lo convierten en uno de los escritores más europeos del siglo XIV.

En el campo de la sintaxis, nuestro escritor utiliza los períodos largos y las oraciones subordinadas. Impide la desintegración del período, echa mano de cuantos nexos puede, de paralelismos, simetrías y cuantos medios posee a su alcance con el fin de asegurar la cohesión. Esa subordinación tan frecuente se explica por el uso del discurso indirecto que en la época presente nos pueden llegar a cansar.

Sin embargo, *El conde Lucanor* es un modelo de equilibrio entre la repetición de ideas y la de expresiones. El libro de don Juan Manuel gozó de una extraordinaria influencia y dio origen a una pléyade de títulos más o menos semejantes. Por sí solo alcanzó ser una de las colecciones de cuentos de mayor difusión de la literatura española. Pero fue Argote de Molina el primero que lo hizo imprimir en Sevilla, en 1575, y se siguió haciendo en los siglos siguientes con traducciones a los principales idiomas. El propio Baltasar Gracián, tan exigente en preceptiva literaria, estimaba mucho la prosa de don Juan Manuel.

La obra y dedicación del Infante la seguirían preclaras figuras de elevada alcurnia, como don Pedro López de Ayala, el marqués de Santillana, los Manrique y tantos otros, y es el primero en que se cumple, sin descuidar la base religiosa, la simbiosis de político-militar y escritor como ideal de unión entre las armas y las letras, que tendrán en tan gran estima Cervantes y Saavedra Fajardo, como prueba de que la aristocracia iba abandonando su aislamiento de los castillos y su incultura para conseguir ser cortesana y culta en la antesala de esa glorioso pórtico a la Edad Moderna que sería el Renacimiento.

F. L. CARDONA

BIBLIOGRAFIA

El Conde de Lucanor Compuesto por el excelentísimo príncipe don Juan Manuel, hijo del Infante don Juan Manuel. Dirigido por Gonçalo de Argote y de Molina. Impreso en Sevilla en casa de Hernando Díaz. Año 1575. (Edición facsímil con prólogo de E. Miralles en "Biblioteca Hispánica Puvill", Barcelona, Puvill, 1978).

El conde de Lucanor. Prólogo y notas de F. J. Cantón, Madrid, S. Calleja, 1920.

El conde de Lucanor. Ed. introducción y notas de J. M. Blecua, Madrid, Castalia, 1969.

Libro del Conde Lucanor. Edic., estudio y notas de G. Orduna, Buenos Aires, Huemul, 1972.

El conde de Lucanor, edic. de A. I. Sotelo, Madrid, Cátedra, 1980.

Libro del Conde de Lucanor, edic., estudio y notas de R. Ayerbe-Chaux, Madrid, Alhambra, 1982.

El conde Lucanor, en don Juan Manuel, *Obras Completas*, vol. II, edic., prólogo y notas de J. M. Blecua, Madrid, Gredos, 1983.

El conde de Lucanor. Ed. y notas de Carlos Alvar y Pilar Franco. Barcelona, Planeta, 1984.

Ayerbe-Chaux, R.: *El conde Lucanor: materia tradicional y originalidad creadora*, Madrid, Porrúa, Turanzas, 1975.

Barcia, P., *Análisis de El conde Lucanor*, Buenos Aires, Centro Editor de América Latina, 1968.

Blecua, A., *La trasmisión textual de "El conde Lucanor"*, Bellaterra Universidad Autónoma de Barcelona, 1982.

Gaibrois de Ballesteros, M.: *El príncipe don Juan Manuel y su condición de escritor*, Madrid, Instituto de España, 1945.

Giménez Soler, A., *Don Juan Manuel. Biografía y estudio crítico*, Zaragoza, 1932.

Juan Manuel VII Centenario. Murcia Universidad, 1982.

EL CONDE LUCANOR

O LIBRO DE PATRONIO

LIBRO DE LOS CUENTOS
DEL CONDE LUCANOR Y DE PATRONIO

Este libro fue escrito por don Juan, hijo del muy noble infante don Manuel, con el fin de que los hombres hiciesen en el mundo obras que significaron el aumento a su honra, hacienda y poder, y que les pusieran en el camino de la salvación. Con este objeto recogió los cuentos más provechosos que oyó contar, para que con tales ejemplos aprendiera el lector el arte de vivir. Extraño sería que pasara a nadie alguna cosa y que aquí no hallara algo parecido de donde poder sacar enseñanza.

Como don Juan sabe que en los manuscritos hay muchos errores de copia, porque los copistas, al tomar una letra por otra, se confunden y cambian el sentido de muchos pasajes, y los lectores echan luego la culpa al autor de la obra, ruega a los que leyeren cualquier libro suyo que cuando encuentren alguna palabra mal puesta no le culpen hasta ver el manuscrito que él mandó escribir y que está corregido en muchos lugares de su puño y letra. Las obras que hasta ahora lleva escritas son las siguientes: *Crónica abreviada, Libro de los sabios, Libro de la caballería, Libro del infante, Libro del caballero y el escudero, Libro del conde, Libro de la caza, Libro de las máquinas de guerra, Libro de los cantares.* Este manuscrito está en el monasterio de los dominicos de Peñafiel. Cuando lo hubieren visto, ruega que no imputen las faltas que encuentren a negligencia, sino a la cortedad de su entendimiento, pues se atrevió a tratar de materias tan altas. Pero Dios sabe que lo hizo para enseñar a los que no son sabios ni letrados. Por eso escribió todas estas obras en castellano, señal de que las dirigió a los que saben poco, como él. Aquí empieza el prólogo del *Libro de los cuentos del conde Lucanor y de Patronio*.

PROLOGO

En el nombre de Dios. Amén. Entre las muchas cosas extrañas y maravillosas que ha hecho el Creador está el que ningún hombre de los que hay en el mundo tenga un rostro parecido a otro, porque, aunque todos tenemos en el rostro lo mismo, los rostros no se parecen. Puesto que en los rostros, que son tan pequeños, hay tantísima variedad, menos extraño es que la haya en las voluntades e inclinaciones. Por eso veis que ningún hombre se parece a otro en inclinación o voluntad. Voy a poner algunos ejemplos para que podáis entenderlo mejor.

Todos los que aman y quieren servir a Dios, todos quieren lo mismo, pero no le sirven de una manera, sino que unos lo hacen de un modo y otros de otro. También los que sirven a los señores, todos les sirven, pero no de la misma manera. De igual modo los que se dedican a la agricultura, a la ganadería, a la caza, a un oficio o a cualquier otra actividad, aunque todos hacen las mismas cosas, no las conciben ni las ejecutan de igual manera. Por este ejemplo y por muchos otros que sería prolijo aducir ahora, comprenderéis que, aunque todos los hombres sean hombres y todos tengan inclinaciones y voluntad, se parezcan tan poco en estas cosas como en el rostro. Sólo se parecen en que todos prefieren y a todos les gusta y todos aprenden mejor las cosas que más les agradan. Siendo ello así, el que quiere enseñar una cosa a otro débesela presentar de la manera que crea ha de ser más agradable para el que la aprende. Así vemos que las cosas difíciles no pueden entrar en las cabezas de algunos hombres, porque no las entienden, y, por no entenderlas, no se deleitan con ciertos libros ni asimilan sus enseñanzas; de modo que, por no gustar de ellas, no les aprovechan. Por eso yo, don Juan, hijo del infante don Manuel y Adelantado Mayor de la frontera del Reino de Murcia, escribí este libro con las palabras más hermosas que pude para poder dar ciertas enseñanzas muy provechosas a los que lo oyeren. Esto hice, siguiendo el ejemplo de los médicos, que cuando quieren hacer una medicina que aproveche al hígado, como al hígado gusta lo dulce, le ponen azúcar, miel o cualquier otra cosa dulce, y, por la inclinación del hígado a lo dulce, lo atrae a sí, arrastrando con ello la medicina que le beneficia. Lo mismo hacen con cualquier órgano que necesite alguna medicina, que siempre la mezclan con aquello a que el órgano naturalmente se halla inclinado. De esta manera, con ayuda de Dios, escribiré este libro, que a los que lo lean, si gozan con sus enseñanzas, será de provecho, y a los que, por el contrario, no las comprendan, al leerlo, atraídos por la dulzura de su estilo, no pudiendo tampoco dejar de leer lo provechoso que con ella se mezcla, aunque no quieran, aprenderán, como el hígado y los demás órganos se benefician con las medicinas que están mezcladas a las cosas que ellos prefieren. Dios, que es todo bondad y que favorece las buenas obras, tenga piedad y conceda su gracia a los que lean este libro y hagan que aproveche al cuerpo y al alma, como El muy bien sabe que yo deseo. De lo que encontraren mal expresado no echen la culpa más que a mi falta de entendimiento; si, por el contrario, encontraren algo provechoso o bien escrito, agradézcanlo a Dios, inspirador de todos los buenos dichos y buenas obras. Y así hemos terminado el prólogo, de aquí adelante comienzan los cuentos, suponiéndose que un gran señor, el conde Lucanor, habla con su consejero, llamado Patronio.

CUENTO I

LO QUE SUCEDIO A UN REY
CON UN MINISTRO SUYO

Un día que el conde Lucanor estaba hablando confidencialmente con Patronio, su consejero, le dijo así:

—Patronio, un hombre ilustre, rico y poderoso, y que blasona de ser muy amigo mío, me ha dicho en secreto, hace pocos días, que por ciertas cosas que le han pasado quería irse de aquí para no volver más y que por el afecto y confianza que yo le inspiraba me quería vender parte de sus tierras y dejar las otras a mi cuidado. Creo que ello me conviene y me honra mucho, pero querría, antes de resolver, oír vuestra opinión.

—Señor conde Lucanor —le respondió Patronio—, aunque yo creo que mi consejo no os hace falta, si queréis que os diga lo que pienso y os dé mi opinión, ahora mismo lo haré. En primer lugar he de advertiros que esto os lo ha dicho ese a quien creéis vuestro amigo para probaros y que es un caso muy parecido a lo que sucedió a un rey con un ministro.

El conde le rogó entonces que se lo contara.

—Señor —dijo Patronio—, había un rey que tenía un ministro en quien confiaba mucho. Como el envidiar la prosperidad de sus semejantes es muy natural en el hombre, los demás ministros envidiaban su prudencia e inteligencia y no dejaban medio de indisponerle con el rey, su señor. Pero, aunque le dijeron al rey muchas cosas, nunca lograron perjudicarle ni que desconfiara de su lealtad. Cuando vieron que no les quedaba otro camino, dijeron al rey que aquel ministro procuraba su muerte, para que le sucediera un hijo pequeño, el cual quedaría en su poder y al que mataría luego para alzarse él con el reino. Aunque hasta entonces no habían logrado que el rey sospechara de su ministro, desde que esto oyó no pudo evitar que la duda entrara en su pensamiento. Y como en las cosas muy graves y en todo aquello que, una vez perdido, no se recupera, el varón prudente no debe esperar, sino prevenir los casos adversos, sucedió que el rey, desde que concibió esta duda y sospecha, andaba receloso, aunque sin decidirse a hacer nada contra su ministro hasta no saber la verdad. Los que buscaban la perdición del ministro le dijeron entonces que podía comprobar muy ingeniosamente lo que afirmaban, y le explicaron debía hacerlo. El rey se decidió a ponerlo por obra, y, en efecto, lo hizo de la manera que ahora veréis.

Estando con su ministro, a los pocos días, entre otras muchas cosas de que le habló, le dio a entender que estaba cansado del mundo y que le parecía que todo él era vanidad. Aquella vez no le dijo más. A los pocos días, hablando de nuevo con el ministro, y como si iniciara entonces el tema, le volvió a decir que cada día le gustaba menos la vida que hacía y lo que podía ver a su alrededor. Esto lo dijo tantas veces y en tantos tonos que el ministro se convenció de que el rey estaba desengañado de la gloria del mundo, las riquezas y los placeres.

Cuando el rey comprendió que le había convencido de ello, le comunicó un día que había pensado abandonar el mundo e irse a algún país donde nadie le conociera a buscar un lugar solitario y apartado donde poder hacer penitencia de sus pecados, con lo cual esperaba que Dios se apiadase de él y le diera su gracia para alcanzar por este camino la vida eterna.

Cuando el ministro le oyó decir esto, le replicó con muchas razones que no debía hacerlo. Entre otras muchas cosas le dijo que era contra el servicio de Dios dejar a las gentes de su reino, a las que él mantenía en paz y justicia, pudiendo estar cierto de que, si se iba habría desórdenes y guerras civiles, en las que Dios recibiría ofensa y el país mucho daño, y que, cuando no lo dejara de hacer por esto, debería pensar en la reina, su mujer, y en su hijo, que era tan pequeño, los cuales indudablemente podrían perder los bienes y la vida.

A esto replicó el rey que antes de resolverse a partir había pensado cómo dejar en orden el reino para que su mujer y su hijo fuesen acatados y sus pueblos quedaran en calma, y que el medio era éste: puesto que a él le había criado y hecho mucho bien y estaba satisfecho de su servicio y de su lealtad y sabía que podía fiarse de él más que de ningún otro de sus ministros y consejeros, quería dejar a su mujer y a su hijo en sus manos y entregarle todas las fortalezas y ciudades del reino, para que nadie pudiera hacer nada contra su hijo. De manera que estaba seguro de que si volvía encontraría en orden todo lo que en su poder hubiera dejado, y si muriera también sabía que serviría lealmente a la reina y que, además de criar bien a su hijo, mantendría el reino en paz hasta que éste pudiera gobernarlo. De este modo pensaba dejar en orden sus cosas.

Cuando el ministro oyó decir al rey que quería dejar en su poder el reino y su hijo, aunque no lo dejó traslucir, se sintió muy contento, pensando que si todo quedaba en sus manos podría disponer y mandar a su antojo.

Este ministro tenía en su casa un filósofo cautivo con el cual solía aconsejarse, consultándole todos los negocios que tenía entre manos, sin hacer nunca nada contra su dictamen. Cuando este día salió de palacio se fue a buscarle para referirle lo que el rey le había dicho, sin ocultar su contento porque éste quería poner en sus manos el gobierno y el príncipe. Al oír contar a su señor el sabio cautivo lo que había hablado con el rey y ver que éste estaba persuadido de que su señor estaba dispuesto a quedarse con el niño y el reino, comprendió que había caído en un lazo y le reprendió muy rudamente, diciéndole que había puesto en peligro su vida y hacienda, pues lo que el rey le había dicho no había sido porque pensara realmente hacerlo, sino movido por sus enemigos, que habrían aconsejado al rey que le dijera aquellas cosas para probarle, prueba de la cual había salido muy malparado. El ministro entonces se afligió mucho, pues vio claramente que todo era como su cautivo se lo decía. Cuando el sabio le vio tan acongojado, le aconsejó el modo de esquivar el peligro en que se había metido.

Convencido el ministro, aquella misma noche se mesó la cabeza y la barba, buscó un vestido muy andrajoso, como los que traen los mendigos de los caminos, un bastón y unos zapatos rotos, aunque bien armados, y metió en las costuras de aquel vestido una gran cantidad de monedas de oro. En cuanto amaneció fue a palacio y dijo a un guardia que estaba a la puerta que informara al rey muy en secreto que se levantara antes de que la gente despertase, pues él ya le estaba esperando. El guardia, cuando le vio así, se sorprendió mucho, pero fue a ver al rey y le dijo lo que el ministro había mandado. El rey, muy asombrado, mandó que le hicieran pasar en seguida y le preguntó por qué se había vestido de ese modo. El ministro le dijo que recordara que le había anunciado que se quería ir del país y que, pues estaba decidido a ello, no quería Dios que pusiera en olvido lo que le debía, sino que, lo mismo que hasta entonces había participado de su grandeza y prosperidad, participara de las privaciones y el destierro que iba a imponerse. Si a él, que era rey, padre y marido, no le daban lástima su mujer, su hijo ni su reino, tampoco debían dársela a su ministro. Por lo cual había resuelto irse con él y servirle de modo que nadie lo notara. Para esto tenía tanto dinero cosido en su ropa que les bastaría por mucho que vivieran. Y, puesto que habían de irse, lo mejor era hacerlo antes de que fueran reconocidos. Cuando el rey oyó todo lo que su ministro le decía, imaginó que obraba movido por su lealtad y se lo agradeció mucho, y le contó que los otros ministros le habían calumniado y que todo lo había dicho para probarle. De este modo el ministro estuvo a punto de ser engañado por su ambición, pero Dios le quiso guardar por consejo del sabio que tenía cautivo.

A vos, señor conde, también os conviene no ser engañado por el que creéis es vuestro amigo, pues podéis estar seguro de que lo que os dijo no tiene otro fin que probaros, por lo que hace falta que, al hablar con él, le persuadáis de que sólo queréis su bien y provecho y que no codiciáis nada de lo suyo, ya que no puede durar la amistad de los que se sospechan.

El conde Lucanor vio que Patronio le aconsejaba muy bien y obró de este modo y con buen resultado. Viendo don Juan que este cuento era bueno, lo hizo poner en este libro y escribió estos versos, en los que se sintetiza la moraleja:

No esperéis que nadie, por el bien de su amigo,
pierda de lo suyo lo que vale un higo.

También hizo otros que dicen así:

Con ayuda de Dios y un buen consejo,
salva el hombre su vida y llega a viejo.

Cuento II

LO QUE SUCEDIO A UN HONRADO LABRADOR CON SU HIJO

Otro día, hablando el conde Lucanor con Patronio, su consejero, le dijo que estaba muy preocupado por algo que quería hacer; pues, si llegaba a hacerlo, sabía muy bien que muchas gentes le criticarían, y si no lo hacía estaba convencido de que también le podrían criticar e incluso con razón. Después de haberle explicado el asunto, rogó a Patronio que le dijera lo que haría en su caso.

—Señor conde Lucanor —respondió Patronio—, bien sé yo que hay muchos que os podrían aconsejar mejor, y que Dios os ha dado tan buen entendimiento que poca falta os hace mi consejo; pero, pues lo queréis, os diré lo que creo debéis hacer. Pero antes quisiera que me dierais licencia para contaros lo que sucedió una vez a un honrado labrador con su hijo.

El conde le dijo que se la daba de muy buena gana.

—Señor —comenzó Patronio—, había una vez un labrador honrado que tenía un hijo que, aunque muy joven, poseía agudísimo entendimiento. Cada vez que su padre quería hacer alguna cosa, él le señalaba los inconvenientes que podía tener, y, como son muy pocas las que no los tienen, de esta manera le apartaba de hacer muchas cosas que le convenían. Debéis saber que los mozos más inteligentes son los más expuestos a hacer lo que menos les conviene, pues tienen entendimiento para emprender lo que luego no saben cómo terminar, por lo que, si no se les aconseja, yerran muchas veces. Así, aquel mozo, por su sutileza de entendimiento y falta de experiencia, era un obstáculo para su padre en muchas ocasiones. Por lo cual éste, cuando ya le había aguantado mucho tiempo y estaba muy fastidiado por los perjuicios recibidos a causa de lo que no le dejaba hacer y por lo que de continuo le estaba diciendo, resolvió poner por obra lo que ahora oiréis, con el fin de que le sirviera de amonestación y ejemplo de cómo obrar de allí en adelante.

El hombre y su hijo eran labradores y vivían cerca de una villa. Un día de mercado le dijo a su hijo que fueran ambos a comprar algunas cosas que necesitaban. Para lo cual llevaron una bestia. Camino del mercado, yendo ambos a pie con la bestia sin carga, encontraron a unos hombres que venían de la villa adonde ellos iban. Cuando, después de saludarse, se separaron unos de los otros, los que encontraron empezaron a decir entre ellos que no parecían muy sensatos el padre ni el hijo, pues llevando una bestia sin carga marchaban a pie. El labrador, después de oír esto, preguntó a su hijo qué le parecía lo que aquéllos decían. Le respondió el mozo que creía no era natural que fueran a pie los dos. Entonces mandó el honrado labrador a su hijo que montara la bestia.

Yendo así por el camino encontraron a otros hombres que, al separarse de ellos, dijeron que no estaba bien que el honrado labrador fuera a pie, siendo viejo y cansado, mientras su hijo que, por ser mozo, podía sufrir mejor los trabajos, iba cabalgando. Preguntó entonces el padre al hijo qué le parecía lo que éstos decían. Contestó el mancebo que tenían razón. En vista de ello le mandó que bajara de la bestia y se subió él a ella.

A poco rato tropezaron con otros, que dijeron que era un desatino dejar a pie al mozo, que era tierno y poco hecho a las fatigas, mientras el padre, acostumbrado a ellas, montaba la bestia. Entonces le preguntó el labrador a su hijo qué opinaba de esto. Respondióle el mancebo que, según su opinión, decían la verdad. Al oírlo su padre le mandó se subiese también en la bestia, para no ir a pie ninguno de los dos.

Yendo de este modo encontraron a otros que empezaron a decir que la bestia que montaban estaba tan flaca que apenas podía andar ella sola, y que era un crimen ir los dos subidos. El honrado labrador preguntó a su hijo qué le parecía lo que aquéllos decían. Respondióle el hijo que era ello muy cierto. Entonces el padre replicó de este modo:

—Hijo, piensa que cuando salimos de casa y veníamos a pie y traíamos la bestia sin carga ninguna, tú lo aprobaste. Cuando encontramos gentes en el camino que lo criticaron y yo te mandé montarte en la bestia y me quedé a pie, también lo aprobaste. Después tropezamos con otros hombres que dijeron que no estaba bien y, en vista de ello, te bajaste tú y me monté yo, y a ti también te pareció muy justo. Y porque los que luego encontramos nos lo criticaron, te mandé subir en la bestia conmigo; entonces dijiste que era esto mejor que el ir tú a pie y yo solo en la bestia. Ahora éstos dicen que no hacemos bien en ir los dos montados y también lo apruebas. Pues nada de esto puedes negar, te ruego me digas qué podemos hacer que no sea criticado: ya nos criticaron ir los dos a pie, ir tú montado y yo a pie, y viceversa, y ahora nos critican el montar los dos. Fíjate bien que tenemos que hacer alguna de estas cosas, y que todas ellas las critican. Esto ha de servirte para aprender a conducirte en la vida, y te convenzas de que nunca harás nada que a todo el mundo le parezca bien, pues si haces algo bueno, los malos, y además todos aquéllos a quienes no beneficie, lo criticarán, y si lo haces malo, los buenos, que aman el bien, no podrán aprobar lo que hayas hecho mal. Por tanto, si tú quieres hacer lo que más te convenga, haz lo que creas que te beneficia, con tal no sea malo, y en ningún caso lo dejes de hacer por miedo al qué dirán, pues la verdad es que las gentes dicen lo primero que se les ocurre, sin pararse a pensar en lo que nos conviene.

A vos, señor conde Lucanor, pues me pedís consejo sobre lo que queréis hacer, pues teméis que os critiquen, aunque estáis seguro de que también lo harán si no lo hacéis, os aconsejo que antes de ponerlo por obra miréis el daño o provecho que os puede venir, y que, no fiándoos de vuestro criterio y teniendo cuidado de que no os engañe la violencia del deseo, busquéis el consejo de los inteligentes, fieles y capaces de guardar secreto. Y si no encontráis tales consejeros, procurad no tomar resoluciones muy arrebatadas, sino, si son cosas que no se pierden por la dilación, dejad pasar por lo menos un día y una noche. Con tales precauciones os aconsejo no dejéis de hacer por temor a las críticas lo que os convenga.

El conde tuvo por buen consejo éste de Patronio, lo puso en obra y le salió muy bien. Cuando don Juan oyó este cuento lo mandó poner en este libro y escribió estos versos, donde se encierra su moraleja:

Por miedo de las críticas, no dejéis de hacer
lo que más conveniente os pareciere ser.

Cuento III

DEL SALTO QUE DIO EN EL MAR EL REY RICARDO DE INGLATERRA, PELEANDO CONTRA LOS MOROS

Una vez se apartó el conde Lucanor con Patronio, su consejero, y le dijo así:

—Patronio, confío mucho en vuestro criterio y sé que lo que vos no sepáis o acertéis no habrá nadie en el mundo que lo sepa ni acierte; por eso os ruego que me aconsejéis lo mejor que podáis en lo que ahora os diré. Bien sabéis que yo ya no soy joven y que nací, me crié y he vivido siempre en medio de guerras, ya con cristianos y ya con moros, y cuando no, con los reyes, mis señores, o con mis vecinos. Aunque siempre procuré que nunca comenzara ninguna guerra entre cristianos por culpa mía, era inevitable que recibieran daño en estas guerras muchos inocentes. Parte por esto y parte en desagravio de otras muchas ofensas hechas a Dios, y también porque veo que nadie ni nada en el mundo puede asegurarme que hoy mismo no tenga que morir, fuera de que por mi edad no puedo ya vivir mucho tiempo; estando seguro, como lo estoy, de que al morir habré de comparecer ante Dios Nuestro Señor, que habrá de juzgarnos, no según nuestras vanas palabras, sino según las buenas o malas obras que hubiéramos hecho, y sabiendo muy bien que si, por desgracia, Dios estuviere enojado conmigo, nadie podrá librarme de sufrir las penas del infierno, que son eternas, y que si, por el contrario, hallare en mí méritos suficientes para perdonarme y llevarme a gozar de la gloria, donde están los justos, ningún placer de los del mundo puede compararse con este placer y con este bien, el cual no se alcanza sino por medio de buenas obras; quiero que penséis y me aconsejéis la mejor manera, según el estado y dignidad que tengo, de hacer penitencia por mis pecados para ponerme en gracia de Dios.

—Señor conde Lucanor —dijo Patronio—, mucho me agradan vuestras razones, y lo que más me agrada es que queráis que os aconseje según vuestro estado y vuestra dignidad, porque si otra cosa os hubiera oído pensaría que lo decíais sólo para probarme, como hizo el rey de que os hablé el otro día con aquel su privado. Y me agrada mucho que queráis hacer penitencia según vuestro estado, pues en verdad, señor conde, si quisierais ahora abandonar el mundo para entrar en religión o hacer vida retirada, no podríais evitar que pasara una de estas dos cosas: la primera, que seríais criticado de todas las gentes, que dirían lo hacíais por pobreza de espíritu y porque no os gustaba vivir entre los bien nacidos; la segunda, que es casi imposible pudierais soportar las asperezas del monasterio, y si después lo abandonabais o vivíais en él sin guardar la regla como se debe, de ello os vendría daño para el alma, mal para el cuerpo y mucha vergüenza y pérdida de fama. Pero como lo queréis hacer dentro de vuestro estado, me gustaría que supierais lo que Dios reveló a un ermitaño muy santo de lo que esperaba al mismo ermitaño y al rey de Inglaterra.

El conde le pidió que se lo contara.

—Señor conde Lucanor —dijo Patronio—, había un ermitaño de muy santa vida, que hacía mucho bien y muchas penitencias para alcanzar la gracia de Dios. Por ello le hizo Éste la merced de prometerle la gloria. El ermitaño agradeció mucho la revelación y, estando ya seguro, le pidió a Dios le dijera quién había de ser su compañero en el paraíso. Y aunque Nuestro Señor le mandó decir muchas veces con su ángel que no hacía bien en preguntarlo, tanto insistió el ermitaño con su demanda que Dios se la quiso conceder y le mandó decir con su ángel que él y el rey Ricardo de Inglaterra estarían juntos en el cielo. Al ermitaño le pesó mucho, pues conocía muy bien al rey y sabía que era muy belicoso y que en sus guerras había muerto, saqueado y empobrecido a muchas gentes, haciendo una vida tan contraria a la suya que parecía muy lejos del camino de salvación, por lo cual quedó el ermitaño muy disgustado.

Cuando Dios Nuestro Señor le vio así, le mandó decir con el ángel que no se quejara ni se sorprendiera de lo que se le dijo, pues más le había servido y había merecido el rey Ricardo con un solo salto que él con todas las buenas obras que había hecho en su vida. El ermitaño se sorprendió aún más y le preguntó al ángel cómo podía ser aquello.

El ángel le dijo que supiera que el rey de Francia, el rey de Inglaterra y el rey de Navarra pasaron a Tierra Santa, y que cuando llegaron al puerto y estaban ya todos armados para tomar tierra, vieron en la ribera tantos moros que dudaron mucho si podrían desembarcar. Entonces el rey de Francia mandó decir al de Inglaterra que viniera al barco donde él estaba para acordar lo que habían de hacer. El de Inglaterra, que estaba a caballo cuando lo oyó, le dijo al mensajero que le contestara al rey de Francia que bien sabía que él había ofendido mucho en este mundo a Dios y siempre le había pedido que le diera ocasión para desagraviarle, y que, gracias a Dios, había llegado el día que tanto deseaba, pues si allí muriera, estaba seguro, por haber hecho penitencia antes de salir de su tierra y estar confesado, de que Dios tendría piedad de su alma, y si los moros fuesen vencidos, sería Dios servido y ellos podrían tenerse por dichosos.

Cuando esto hubo dicho, encomendó a Dios su cuerpo y su alma y le pidió su ayuda, se santiguó, ordenó a los suyos que le siguieran, clavó las espuelas a su caballo y saltó al mar. Aunque estaban muy cerca del puerto, no era el mar allí tan poco profundo que el rey y su caballo no desaparecieran por un momento; pero Dios, que es Señor misericordioso y de muy gran poder, acordándose de lo que dijo en el Evangelio de que no quiere la muerte del pecador, sino que se convierta y viva, ayudó entonces al rey de Inglaterra y le sacó del agua, dándole vida temporal y eterna. Con lo cual el rey se dirigió contra los moros.

Cuando los ingleses vieron hacer esto a su señor, saltaron detrás y se dirigieron todos a los moros. También los franceses pensaron que era una vergüenza no hacer lo mismo y, llenos de noble emulación, saltaron al mar. Los moros, al verles venir contra ellos sin temor a la muerte y con tanto denuedo, no se atrevieron a esperarles y, desamparando el puerto, empezaron la huida. Los cristianos, ya en el puerto, mataron a todos los que pudieron alcanzar y quedaron victoriosos, y de esta manera prestaron a Dios un notable servicio. Todo lo cual comenzó con el salto que dio en el mar el rey de Inglaterra.

Cuando el ermitaño oyó esto se alegró mucho y comprendió que Dios le hacía señalada merced en disponer que fuese compañero de un hombre que le había servido de esta manera y que tanto había ensalzado la fe católica.

Vos, señor conde Lucanor, si queréis servir a Dios y desagraviarle por las ofensas que le hayáis hecho, procurad antes de partir de vuestra tierra dejar reparados los daños causados y hacer penitencia por vuestros pecados, y no os preocupéis por la vanidad del mundo ni hagáis ningún caso de los que os digan que atendáis a vuestra honra, lo que para ellos es mantener a muchos servidores sin mirar si tienen con qué ni pensar en cómo acabaron los que tal hicieron ni cómo viven sus descendientes. Vos, señor conde, pues decís que queréis servir a Dios y desagraviarle, no sigáis el camino de la vanidad; mas, pues Dios os dio señoríos en que podáis servirle peleando contra los moros, tanto por tierra como por mar, esforzaos por asegurar todo lo que tenéis y, poniéndolo en orden y habiendo hecho reparación por vuestros pecados para tener el alma limpia y poder merecer con vuestras buenas obras, podréis pensar sólo en pelear contra los moros y acabar vuestra vida al servicio de Dios. Esta es para mí la mejor manera de salvar el alma, según vuestro estado y vuestra dignidad. Podéis estar también seguro de que por servir a Dios de este modo no moriréis antes, ni por quedaros en vuestras tierras viviréis más. Y si murierais en servicio de Dios, haciendo esta vida, seréis mártir y alcanzaréis la bienaventuranza, y, aunque no muráis peleando, el deseo de ello y vuestras buenas acciones os harán mártir, y los que os quisieren criticar, no podrán, pues todos habrán podido ver que no dejáis de hacer lo que debéis como caballero, sino que queréis serlo de Dios y dejar de rendir pleitesía al diablo y a la vanidad del mundo, que es como el humo. Esta es, señor conde, como me pedisteis, mi opinión sobre el modo de salvar el alma, según vuestro estado. De esta manera emularéis el salto que dio el buen rey Ricardo de Inglaterra y su heroica acción al desembarcar.

Al conde Lucanor gustó mucho el consejo que le dio Patronio y le pidió a Dios que le ayudara a ponerlo en práctica como aquél lo decía y él lo deseaba. Viendo don Juan la sana doctrina de este cuento, lo mandó poner en este libro y escribió estos versos que la sintetizan y que dicen así:

Quien se tenga por caballero,
debe tratar de emular este salto,
y no encerrarse en un monasterio
a servir a Dios tras un muro alto.

LO QUE DIJO UN GENOVES A SU ALMA
AL MORIRSE

Otra vez, hablando el conde Lucanor con Patronio, su consejero, le contó lo siguiente:

—Patronio, gracias a Dios yo tengo mis tierras florecientes y en paz y no me falta lo necesario para mantenerme, según mi estado, y aun quizá más. Algunos me aconsejan me aplique a una empresa de éxito dudoso, y aunque la verdad es que me siento atraído por ella, no la quiero empezar sin hablar con vos y sin ver lo que sobre este asunto me aconsejáis.

—Señor conde Lucanor —dijo Patronio—, para que hagáis lo que más os conviene, me gustaría que supierais lo que sucedió a un genovés a la hora de la muerte.

El conde le rogó que se lo contara. Patronio le dijo:

—Señor conde, había un genovés muy rico y afortunado entre los de su clase. Este genovés se puso muy malo y, cuando comprendió que se moría, mandó llamar a todos sus parientes y amigos y, estando éstos juntos, a su mujer y sus hijos; se sentó en una sala muy hermosa, desde la cual se veía el mar y un pedazo de costa; hizo traer todo su dinero y sus joyas y comenzó como en broma a hablar con su alma de esta manera:

—Alma, veo que me quieres abandonar y no sé por qué, pues si buscas mujer e hijos, aquí los tienes tales de que podrías estar satisfecha; si buscas parientes o amigos, ves aquí a muchos, fieles y honrados; si buscas oro, plata, piedras preciosas, joyas, tapices o mercaderías para traficar, aquí tienes tantos que es imposible codiciar más; si buscas naves y galeras que te produzcan fama y dinero, helas aquí en el mar, que se ve desde esta ventana; si buscas fincas con hermosos jardines, también las tienes en esta ribera; si buscas caballos, mulas, aves y perros para cazar y para divertirte o juglares que te entretengan, o una buena casa bien alhajada, con lechos, estrados y cuantas cosas se necesitan, no te falta nada, y pues, disponiendo de tantos bienes, no quieres gozarlos y prefieres irte no sabes adónde, vete desde ahora con la ira de Dios, que será muy necio quien se afligiere por el mal que te venga.

Vos, señor conde Lucanor, pues gracias a Dios estáis en paz, muy bien y con honra, no creo que obréis muy cuerdamente al aventurar todo esto, emprendiendo lo que os aconsejan, pues quizás os lo digan vuestros consejeros porque saben muy bien que, cuando estéis metido en ello, os veréis obligado a hacer lo que ellos quieran, mientras que ahora, que estáis en paz, hacen lo que queréis. Quizá piensan que de este modo medrarán ellos, lo que no harán en cuanto vos viváis con sosiego, y os sucederá lo que al genovés con su alma. Mi consejo es que mientras pudiereis vivir en paz y tranquilamente, no os metáis en empresa en que lo tengáis todo que arriesgar.

Al conde agradó mucho el consejo que Patronio le daba, lo puso en práctica y le fue muy bien. Cuando don Juan oyó este cuento, le gustó mucho, pero no quiso hacer versos que encerraran su moraleja, sino que eligió este refrán que es de los que dicen las viejas castellanas y que reza así:

El que bien sentado está, no se levante.

Cuento V

LO QUE SUCEDIO A UNA ZORRA CON UN CUERVO QUE TENIA UN PEDAZO DE QUESO EN EL PICO

Conversando otra vez el conde Lucanor con Patronio, su consejero, le dijo así:

—Patronio, un hombre que se dice amigo mío me empezó a elogiar mucho, dándome a entender que yo tenía mucho mérito y mucho poder. Cuando me hubo halagado de esta manera todo lo que pudo, me propuso una cosa que a mí me parece que me conviene.

Entonces el conde le contó a Patronio lo que su amigo le proponía que, aunque a primera vista se dijera provechoso, ocultaba un engaño, el que Patronio advirtió. Por lo que dijo al conde:

—Señor conde Lucanor, sabed que este hombre os quiere engañar, dándoos a entender que vuestros méritos y vuestro poder son mayores que en la realidad. Para que os podáis guardar del engaño que quiere haceros, me gustaría que supierais lo que sucedió al cuervo con la zorra.

El conde le preguntó qué le había sucedido.

—Señor conde —dijo Patronio—, el cuervo encontró una vez un pedazo muy grande de queso y se subió a un árbol para comer el queso más a gusto y sin que nadie le molestara. Estando así el cuervo pasó la zorra y, cuando vio el queso, empezó a pensar en la manera de quitárselo. Con este objeto dijo lo siguiente:

—Don Cuervo, desde hace ya mucho tiempo he oído hablar de vuestras perfecciones y hermosura. Aunque mucho os busqué, por voluntad de Dios o por desdicha mía, no os vi hasta ahora, que os hallo muy superior a lo que me decían. Para que veáis que no me propongo lisonjearos os diré, junto con lo que las gentes en vos alaban, aquellos defectos que os atribuyen. Todo el mundo dice que como el color de vuestras plumas, ojos, pico, patas y garras es negro, y este color no es tan bonito como otros colores, el ser todo negro os hace muy feo, sin darse cuenta de que se equivocan, pues aunque es verdad que vuestras plumas son negras, su negrura es tan brillante que tiene reflejos azules, como las plumas del pavo real, el ave más hermosa del mundo, y, aunque vuestros ojos son negros, el color negro es para los ojos mucho más hermoso que ningún otro, pues la propiedad de los ojos es ver, y como el negro hace ver mejor, los ojos negros son los mejores, por lo cual los ojos de la gacela, que son más oscuros que los de los otros animales, son muy alabados. Además, vuestro pico y vuestras garras son mucho más fuertes que los de ninguna otra ave de vuestro tamaño. También tenéis, al volar, tan gran ligereza, que podéis ir contra el viento, por recio que sea, lo que ninguna otra puede hacer tan fácilmente. Fuera de esto estoy convencida de que, pues en todo sois tan acabado y Dios no deja nada imperfecto, no os habrá negado el don de cantar mucho mejor que ningún otro pájaro. Pero, pues Dios me hizo la merced de que os viese, y contemplo en vos más perfecciones de las que oí, toda mi vida me tendría por dichosa si os oyese cantar.

Fijaos bien, señor conde, que aunque la intención de la zorra era engañar al cuervo, lo que dijo fue siempre verdad. Desconfiad de la verdad engañosa, que es madre de los peores engaños y perjuicios que pueden venirnos.

Cuando el cuervo vio de que manera le alababa la zorra y cómo le decía la verdad, creyó que en todas las cosas se la diría y la tuvo por amiga, sin sospechar que todo lo hacía por quitarle el queso que tenía en el pico. Conmovido, pues, por sus elogios y sus ruegos para que cantara, abrió el pico, con lo que cayó el queso en tierra. Cogiólo la zorra y huyó con él. De esta manera engañó al cuervo, haciéndole creer que era muy hermoso y que tenía más perfecciones de lo que era verdad.

Vos, señor conde Lucanor, pues veis que, aunque Dios os hizo merced en todo, ese hombre os quiere persuadir de que tenéis mucho más mérito y más poder, convenceos que lo hace para engañaros. Guardaos bien de él, que, haciéndolo, obraréis como hombre prudente.

Al conde agradó mucho lo que Patronio le dijo y lo hizo así, y de esta manera evitó muchos daños. Como don Juan comprendió que este cuento era bueno, lo hizo poner en este libro y escribió unos versos en que se expone abreviadamente su moraleja y que dicen así:

Quien te alaba lo que no tienes,
cuida que no te quite lo que tienes.

Cuento VI

LO QUE PASO A LA GOLONDRINA
CON LOS OTROS PAJAROS
CUANDO SEMBRO EL HOMBRE LINO

Un día, hablando el conde Lucanor con Patronio, su consejero, le dijo así:

—Patronio, me cuentan que unos señores vecinos míos, más poderosos que yo, se están juntando contra mí y se preparan a hacerme daño; yo no lo creo ni les tengo miedo, pero por la confianza que me merecéis, quiero me digáis si creéis que debo tomar alguna precaución.

—Señor conde Lucanor —respondió Patronio—, para que hagáis lo que creo os conviene, me agradaría mucho que supierais lo sucedido a la golondrina con los otros pájaros.

El conde le preguntó qué le había sucedido.

—Señor conde —dijo Patronio—, la golondrina vio que el hombre sembraba lino y, con su mucha inteligencia, comprendió en seguida que si el lino nacía podrían los hombres hacer con él redes y lazos para cazar pájaros. Fuese inmediatamente a los otros pájaros, los reunió y les dijo que el hombre sembraba lino y que estuvieran seguros de que si nacía les traería mucho daño, por lo cual les aconsejaba que, antes que naciese, fueran a arrancarlo, pues todos los males se previenen mejor al comienzo y después es más difícil salir a su encuentro. Los pájaros no dieron importancia a ello, negándose a hacer lo que les proponía. La golondrina insistió mucho, hasta convencerse de que ningún otro pájaro se preocupaba. Cuando el lino creció tanto que los pájaros no lo podían arrancar con las patas ni con los picos y vieron que era ya tarde para impedir el daño que les amenazaba, se arrepintieron de no haber seguido antes el consejo de la golondrina. Pero el arrepentimiento llegó sólo cuando de nada podía ya servirles. Antes de esto, al ver la golondrina que los demás pájaros no querían prevenir el daño que se avecinaba, fuese para el hombre y, poniéndose bajo su protección, ganó seguridad para sí y su especie. Desde entonces viven las golondrinas seguramente en casa del hombre A los demás pájaros que no quisieron prevenir el daño, los cazan todos los días con redes y lazos.

Vos, señor conde Lucanor, si queréis poneros a cubierto de lo que teméis os pueda pasar, tomad precauciones antes de que venga, pues no es prudente el que ve las cosas cuando suceden, sino el que por intuición o por señales conoce el daño y lo impide a tiempo.

Al conde le gustó mucho este consejo y lo puso en práctica con mucho éxito. Viendo don Juan que este cuento era bueno, lo hizo poner en este libro y escribió unos versos que dicen así:

Para que los males no puedan llegar,
su raíz al comienzo debemos cortar.

Cuento VII

LO QUE SUCEDIO A UNA MUJER LLAMADA DOÑA TRUHANA

Otra vez habló el conde Lucanor con Patronio, su consejero, del siguiente modo:

—Patronio, un hombre me ha aconsejado que haga una

cosa, y aun me ha dicho cómo podría hacerla, y os aseguro que es tan ventajosa que, si Dios quisiera que saliera como él lo dijo, me convendría mucho, pues los beneficios se encadenan unos con otros de tal manera que al fin son muy grandes.

Entonces refirió a Patronio en qué consistía. Cuando hubo terminado, respondió Patronio:

—Señor conde Lucanor, siempre oí decir que era prudente atenerse a la realidad y no a lo que imaginamos, pues muchas veces sucede a los que confían en su imaginación lo mismo que sucedió a doña Truhana.

El conde le preguntó qué le había sucedido.

—Señor conde —dijo Patronio—, había una mujer llamada doña Truhana, más pobre que rica, que un día iba al mercado con una olla de miel sobre su cabeza. Yendo por el camino empezó a pensar que vendería aquella olla de miel y que compraría con el dinero una partida de huevos, de los cuales nacerían gallinas, y que luego, con el dinero en que vendería las gallinas compraría ovejas, y así fue comprando con las ganancias hasta que se vio más rica que ninguna de sus vecinas. Luego pensó que con aquella riqueza que pensaba tener casaría a sus hijos e hijas e iría acompañada por la calle de yernos y nueras, oyendo a las gentes celebrar su buena ventura, que le había traído tanta prosperidad desde la pobreza en que antes vivía. Pensando en esto se empezó a reír con la alegría que le corría en el cuerpo y, al reírse, se dio con la mano un golpe en la frente, con lo que cayó la olla en tierra y se partió en pedazos. Cuando vio la olla rota, empezó a lamentarse como si hubiera perdido lo que pensaba haber logrado si no se rompiera. De modo que, por poner su confianza en lo que imaginaba, no logró nada de lo que quería.

Vos, señor conde Lucanor, si queréis que las cosas que os dicen y las que pensáis sean un día realidad, fijaos bien en que sean posibles y no fantásticas, dudosas y vanas, y si quisiereis intentar algo guardaos muy bien de aventurar nada que estiméis por la incierta esperanza de un galardón inseguro.

Al conde agradó mucho lo que dijo Patronio, lo hizo así y le salió muy bien. Y como don Juan gustó de este ejemplo, lo mandó poner en este libro y escribió estos versos:

En las cosas ciertas confiad
y las fantásticas evitad.

Cuento VIII

LO QUE SUCEDIO A UN HOMBRE AL QUE LE TUVIERON QUE LIMPIAR EL HIGADO

Cierto día hablaba el conde Lucanor con Patronio, su consejero, y le dijo así:

—Patronio, sabed que, a pesar de que Dios me ha hecho en varias cosas mucha merced, en este momento estoy necesitado de dinero. Aunque hacerlo me resulta tan penoso como la muerte, creo que voy a tener que vender una de las fincas que más quiero o hacer otra cosa que me duela tanto como esto. Sólo haciéndolo saldré del agobio y apretura en que me encuentro. Pues precisamente cuando he de hacer lo que tanto me cuesta, vienen a mí gentes que yo sé que no lo necesitan a pedirme dinero. Por la confianza que tengo en el entendimiento que Dios os ha dado, os ruego me digáis lo que creéis que debo hacer.

—Señor conde Lucanor —dijo Patronio—, me parece que os pasa con esa gente lo que le pasó a un hombre muy enfermo.

El conde le preguntó qué le había pasado.

—Señor conde —dijo Patronio—, había un hombre muy enfermo, al cual le dijeron los médicos que no podía curarse sí no le hacían una abertura por el costado y le sacaban el hígado para lavárselo con medicinas que lo dejarían libre de las cosas que lo habían dañado. Cuando le estaban operando y tenía el cirujano su hígado en la mano, un hombre que estaba a su lado empezó a pedirle que le diera un pedazo de aquel hígado para su gato.

Vos, señor conde Lucanor, si queréis perjudicaros por dar dinero a quien sabéis no lo necesita, lo podéis hacer, pero nunca lo haréis por consejo mío.

Al conde le agradó mucho lo que Patronio le dijo y se guardó de hacerlo en adelante y le fue muy bien. Como don Juan vio que este cuento era bueno, lo mandó escribir en este libro e hizo unos versos que dicen así:

> *El no saber qué se debe dar,*
> *daño a los hombres ha de reportar.*

CUENTO IX

LO QUE SUCEDIO A LOS DOS CABALLOS CON EL LEON

Una vez le dijo el conde Lucanor a su consejero Patronio:

—Patronio, hace mucho tiempo que tengo un enemigo que me ha hecho mucho daño, y yo a él, de modo que estamos muy desavenidos. Ahora sucede que otra persona mucho más poderosa que nosotros dos está empezando a hacer ciertas cosas de que ambos tememos nos pueda ocasionar mucho daño, y mi enemigo me propone que hagamos las paces para defendernos, pues si nos juntamos lo podemos hacer, mientras que separados nos podrán destruir al uno y al otro muy fácilmente. Yo no sé qué resolver, pues temo, por una parte, que mi enemigo me quiera engañar y que si hacemos las paces habremos de fiarnos uno del otro, con lo que tendrá ocasión para apoderarse de mí o matarme, y, por otra parte, estoy persuadido de que si no nos hacemos amigos nos puede sobrevenir mucho daño por lo que os he dicho. Por la confianza que tengo en vos y en vuestro buen criterio os ruego me digáis lo que de esto os parece.

—Señor conde Lucanor —dijo Patronio—, la cosa tiene sus dificultades. Me gustaría que, para comprender qué es lo que os conviene, supierais lo que sucedió a dos caballeros que vivían con el infante don Enrique en Túnez.

El conde le pidió que se lo refiriera.

—Señor conde —comenzó Patronio—, había dos caballeros con el infante don Enrique en Túnez, que eran muy amigos y que vivían juntos. Estos dos caballeros no tenían más que dos caballos, y tanto como los dueños se querían bien los dos animales se querían mal. Los dos caballeros no eran tan ricos que pudieran tener distintos aposentos para cada uno, pero tampoco, por el odio de sus caballos, podían compartirlo, lo cual les era muy enojoso. Cuando pasó tiempo y se convencieron de que la cosa no tenía remedio, dijeron al infante lo que les pasaba y le pidieron les hiciera el favor de echar aquellos caballos a un león que tenía el rey de Túnez. Don Enrique habló con el rey, quien pagó muy bien los caballos a sus dueños y los mandó meter en un patio, donde estaba el león. Al verse los caballos solos en el patio, porque el león aún no había salido de donde estaba encerrado, se atacaron con mucha saña. Estando en lo más duro de su pelea, abrieron la puerta al león; al salir éste los dos caballos empezaron a temblar y a acercarse el uno al otro. Cuando estuvieron juntos se quedaron quietos un momento, se fueron los dos luego para el león y lo pusieron tal, a coces y a bocados, que tuvo de meterse en el mismo lugar por donde había salido. Desde entonces los dos caballos fueron tan amigos que comían muy a gusto en el mismo pesebre y dormían el uno junto al otro. Esta amistad nació en ellos del miedo que a los dos les infundió el león.

Vos, señor conde Lucanor, si creéis que ese enemigo vuestro teme mucho al otro y os necesita a vos, porque comprende que sólo con vos se puede defender, y ello hasta el punto de olvidar el daño que os habéis hecho, pienso que del mismo modo que los caballos se fueron acercando hasta que perdieron el recelo mutuo y estuvieron seguros el uno del otro, acabaréis por inspirar confianza a vuestro enemigo y perderle el miedo. Y si constantemente halláis en él buenas obras y lealtad, de modo que estéis moralmente cierto de que en ningún tiempo, por seguro que esté, os hará daño alguno, haréis muy bien en ayudarle y en pedirle auxilio para que no os destruya un tercero, pues mucho debemos favorecer y mucho debemos disimular a nuestros parientes y a nuestros vecinos para ser por ellos defendidos contra los extraños. Si viereis, por el contrario, que vuestro enemigo es de tal condición que, cuando le hubiereis ayudado y hubiere salido por vos del peligro, al tener en salvo lo suyo se revolverá contra vos, de modo que no os podéis fiar de él, haríais mal en ayudarle, sino que debéis alejaros de él, considerando que si con tanto peligro no quiso deponer la mala voluntad que antes os tenía y esperó a que de nuevo las circunstancias le permitieran haceros daño, no debéis ayudarle de ninguna manera a salir del peligro en que esté metido.

Al conde le agradó mucho lo que dijo Patronio y vio que le daba un consejo muy bueno. Viendo don Juan que este cuento era bueno, lo mandó escribir en este libro e hizo unos versos que dicen así:

Estando protegido de otros daños,
evitad que os lo causen los extraños.

LO QUE SUCEDIO A UN HOMBRE QUE POR POBREZA Y FALTA DE OTRA COSA COMIA ALTRAMUCES

Un buen día hablaba el conde Lucanor con Patronio, su consejero, de este modo:

—Patronio, sé que Dios me ha dado mucho más de lo que yo merezco y que en todas las demás cosas sólo tengo motivos para estar muy satisfecho, pero a veces me encuentro tan necesitado de dinero que no me importaría abandonar esta vida. Os pido que me deis algún consejo para remediar esta aflicción mía.

—Señor conde Lucanor —dijo Patronio—, para que os consoléis cuando os pase esto os convendría saber lo que sucedió a dos hombres que fueron muy ricos.

El conde le rogó que se lo contara.

—Señor conde —comenzó Patronio—, uno de estos dos hombres llegó a tal extremo de pobreza que no le quedaba en el mundo nada que comer. Habiéndose esforzado por encontrar algo, no pudo hallar más que una escudilla de altramuces. Al recordar cuán rico había sido y pensar que ahora estaba hambriento y que no tenía más que los altramuces, que son tan amargos y que saben tan mal, empezó a llorar, aunque sin dejar de comer los altramuces, por la mucha hambre, y de echar las cáscaras hacia atrás. En medio de esta congoja y de este pesar notó que detrás de él había otra persona y, volviendo la cabeza, vio que un hombre comía las cáscaras de altramuces que él tiraba al suelo. Este era el otro de quien os dije que también había sido rico.

Cuando aquello vio el de los altramuces preguntó al otro por qué comía las cáscaras. Le respondió que, aunque había sido más rico que él, había ahora llegado a tanto extremo de pobreza y tenía tanta hambre que se alegraba mucho de encontrar aquellas cáscaras que él arrojaba. Cuando esto oyó el de los altramuces se consoló, viendo que había otro más pobre que él y que tenía menos motivos para serlo. Con este consuelo se esforzó por salir de pobreza, lo consiguió con ayuda de Dios y volvió otra vez a ser rico.

Vos, señor conde Lucanor, debéis saber que, por permiso de Dios, nadie en el mundo lo logra todo. Pero, pues en todas las demás cosas os hace Dios señalada merced y salís con lo que vos queréis, si alguna vez os falta dinero y pasáis estrecheces, no os entristezcáis, sino tened por cierto que otros más ricos y de más elevada condición las estarán pasando y que se tendrían por felices si pudieran dar a sus gentes aunque fuera menos de lo que vos les dais a las vuestras.

Al conde agradó mucho lo que dijo Patronio, se consoló y, esforzándose, logró salir, con ayuda de Dios, de la penuria en que se encontraba. Viendo don Juan que este cuento era bueno, lo hizo poner en este libro y escribió unos versos que dicen así:

Por pobreza nunca desmayéis,
pues otros más pobres que vos veréis.

CUENTO XI

LO QUE SUCEDIO A UN DEAN DE SANTIAGO CON DON ILLAN, EL MAGO DE TOLEDO

Otro día, hablando el conde Lucanor con Patronio, su consejero, dijo lo siguiente:

—Patronio, una persona me rogó que le ayudara en un asunto en que me necesita, prometiéndome que haría por mí luego lo que le pidiera. Yo le empecé a ayudar todo cuanto pude. Antes de haber logrado lo que pretendía, pero dándolo él ya por hecho, le pedí una cosa que me convenía mucho que la hiciera y él se negó, no sé con qué pretexto. Después le pedí otra cosa en que podía servirme y volvió a negarse, y lo mismo hizo con todo lo que fui a pedirle. Pero aún no ha logrado lo que pretendía ni lo logrará, si yo no le ayudo. Por la confianza que tengo en vos y en vuestro buen criterio os agradecería que me aconsejarais lo que debo hacer.

—Señor conde —respondió Patronio—, para que podáis hacer lo que debéis, conviene sepáis lo que sucedió a un deán de Santiago con don Illán, el mago de Toledo.

Entonces el conde le preguntó qué le había pasado.

—Señor conde —dijo Patronio—, había un deán en Santiago que tenía muchas ganas de saber el arte de la nigromancia. Como oyó decir que don Illán de Toledo era en aquella época el que la dominaba mejor que nadie, se vino a Toledo a estudiarla con él. Al llegar a Toledo se fue en seguida a casa del maestro, a quien halló leyendo en un salón muy apartado. Cuando entró le recibió muy cortésmente y dijo que no quería le explicara la causa de su visita hasta después de haber comido, y, demostrándole estimación, le alojó en su casa, le proveyó de lo necesario a su comodidad y le dijo que se alegraba mucho de tenerle allí. Después que hubieron comido y quedaron solos, contó el deán el motivo de su viaje y rogó muy encarecidamente que le enseñara la ciencia mágica, que tenía tantos deseos de estudiar a fondo. Don Illán le dijo que él era deán y hombre de posición dentro de la Iglesia y que podía subir mucho aún, y que los hombres que suben mucho, cuando han alcanzado lo que pretenden, olvidan muy pronto lo que los demás han hecho por ellos; por tanto temía que, cuando hubiera aprendido lo que deseaba, no se lo agradecería ni querría hacer por él lo que ahora prometía. El deán entonces le aseguró que, en cualquier dignidad a que llegara, no haría más que lo que él le mandase. Hablando de esto estuvieron desde que acabaron de comer hasta la hora de cenar. Puestos de acuerdo, le dijo el maestro que aquella ciencia no se podía aprender sino en un lugar muy recogido y que esa misma noche le enseñaría dónde habrían de estar hasta que la aprendiera. Y, cogiéndole de la mano, le llevó a una sala, donde estando solos, llamó a una criada, a la que dijo que tuviera listas unas perdices para la cena, pero que no las pusiera a asar hasta que él lo mandase. Dicho esto, llamó al deán y bajó con él por una escalera de piedra, muy bien labrada, y bajaron tanto que le pareció que el Tajo tenía que pasar por encima de ellos. Llegados al fondo de la escalera, enseñó el maestro unas habitaciones muy espaciosas y un salón muy bien alhajado y con muchos libros, donde darían clase. Apenas se hubieron sentado y cuando elegían los libros por donde habrían de empezar las lecciones entraron dos hombres, que dieron una carta al deán, en la que le decía el arzobispo, su tío, que estaba muy malo y le rogaba que, si quería verle vivo, fuera en seguida para Santiago. El deán se disgustó mucho por la enfermedad de su tío y porque tenía que dejar el estudio que había comenzado. Pero resolvió no dejarlo tan pronto y escribió a su tío una carta, contestando la suya. A los tres o cuatro días llegaron otros hombres a pie con cartas para el señor deán en que le informaban que el arzobispo había muerto y que en la catedral estaban todos por elegirle sucesor y muy confiados en que por la misericordia de Dios le tendrían por arzobispo; por todo lo cual era preferible no se apresurara a ir a Santiago, ya que mejor sería que le eligieran estando él fuera que no en la diócesis.

Al cabo de siete u ocho días vinieron a Toledo dos escuderos muy bien vestidos y con muy buenas armas y caballos, los cuales, llegando al deán, le besaron la mano y le dieron las cartas en que le decían que le habían elegido. Cuando don Illán se enteró, se fue al arzobispo electo y le dijo que agradecía mucho a Dios le hubiera llegado tan buena noticia estando en su casa, y que, pues Dios le había hecho arzobispo, le pedía por favor que diera a su hijo el deanazgo que quedaba vacante. El arzobispo le contestó que tuviera por bien que aquel deanazgo fuera para un hermano suyo, pero que le prometía que daría a su hijo, en compensación, otro cargo con que quedaría muy satisfecho, y acabó pidiéndole le acompañara a Santiago y llevara a su hijo. Don Illán le dijo que lo haría.

Se fueron, pues, para Santiago, donde los recibieron muy solemnemente. Cuando hubieron pasado algún tiempo allí, llegaron un día mensajeros del papa con cartas para el arzobispo, donde le decía que le había hecho obispo de Tolosa y que le concedía la gracia de dejar aquel arzobispado a quien él quisiera. Cuando don Illán lo supo, le pidió muy encarecidamente lo diese a su hijo, recordándole las promesas que le había hecho y lo que antes había sucedido, pero el arzobispo le rogó otra vez que consintiera se lo dejara a un tío suyo, hermano de su padre. Don Illán replicó que, aunque no era justo, pasaba por ello, con tal que le compensara más adelante. El arzobispo volvió a prometerle con muchas veras que así lo haría y le rogó que se fuera con él y llevara a su hijo.

Al llegar a Tolosa fueron recibidos muy bien por los condes y por toda la gente principal de aquella región. Habiendo pasado en Tolosa dos años, vinieron al obispo emisarios del papa, diciéndole que le había hecho cardenal y que le autorizaba a dejar su obispado a quien él quisiera. Entonces don Illán se fue a él y le dijo que, pues tantas veces había dejado sin cumplir sus promesas, ya no era el momento de más dilaciones, sino de dar el obispado vacante a su hijo. El cardenal le rogó que no tomara a mal que aquel obispado fuera para un tío suyo, hermano de su madre, hombre de edad y de muy buenas prendas, pero que, pues él había llegado a cardenal, le acompañara a la corte romana, que no faltarían muchas ocasiones de favorecerle. Don Illán se lamentó mucho, pero accedió y se fue para Roma con el cardenal.

Cuando allí llegaron, fueron muy bien recibidos por los demás cardenales y por toda Roma. Mucho tiempo vivieron en Roma, rogando don Illán cada día al cardenal que le hiciera a su hijo alguna merced, y él excusándose, hasta que murió el papa. Entonces todos los cardenales le eligieron papa. Don Illán se fue a él y le dijo que ahora no podía poner pretexto alguno para no hacer lo prometido. El papa replicó que no apretara tanto, que ya habría lugar de favorecerle en lo que fuera justo. Don Illán se lamentó mucho, recordándole las promesas que le había hecho y no había cumplido, y aun añadió que esto lo había él temido la primera vez que le vio, y que, pues había llegado tan alto y no le cumplía lo prometido, no tenía ya nada que esperar de él. Todo lo cual molestó mucho el papa, que empezó a denostarle y a decirle que si más le apretaba le metería en la cárcel, pues bien sabía él que era hereje y encantador y que no había tenido en Toledo otro medio de vida sino enseñar el arte de la nigromancia.

Cuando don Illán vio el pago que le daba el papa, se despidió de él, sin que éste ni siquiera le quisiese dar qué comer durante el camino. Entonces don Illán le dijo al papa que, pues no tenía otra cosa que comer, habría de volverse a las perdices que había mandado asar aquella noche, y llamó a la mujer y le mandó que asase las perdices. Al decir esto don Illán, se halló el papa en Toledo deán de Santiago, como lo era cuando allí llegó. Le dio tanta vergüenza lo que había pasado que no supo qué decir para disculparse. Don Illán le dijo que se fuera en paz, que ya había sabido lo que podía esperar de él, y que le parecía un gasto inútil invitarle a comer aquellas perdices.

Vos, señor conde Lucanor, pues veis que la persona por quien tanto habéis hecho os pide vuestra ayuda y no os lo agradece, no os esforcéis más ni arriesguéis nada más por subirlo a un lugar desde el cual os dé el mismo pago que dio aquel deán al mago de Toledo.

El conde, viendo que este consejo era muy bueno, lo hizo así y le salió muy bien. Y como viese don Juan que este cuento era bueno, lo hizo poner en este libro y compuso estos versos:

El que vuestra ayuda no agradeciere,
menos ayuda os dará cuanto más alto subiere.

Cuento XII

LA ZORRA Y EL GALLO

Cierta vez hablaba el conde Lucanor con Patronio, su consejero, de este modo:

—Patronio, vos sabéis que, gracias a Dios, mis señoríos son muchos, pero que están separados unos de los otros, y que aunque tengo muchos lugares que son muy fuertes, también tengo algunos que no lo son tanto y otros que están muy apartados. Cuando me hallo en guerra con mis señores, que son los reyes, o con vecinos más poderosos, muchos que se llaman amigos míos o que me quieren aconsejar me asustan, diciéndome que de ningún modo me quede en los lugares más apartados, sino que permanezca en los más fuertes y que están en el centro de mis dominios. Como os conozco por muy leal y muy entendido en todas estas cosas, os ruego que me aconsejéis lo que a vos os parece que debo hacer.

—Señor conde Lucanor —dijo Patronio—, en las cosas graves e importantes es muy difícil aconsejar, pues el mejor consejero puede equivocarse por no saber qué ha de resultar, pues muchas veces vemos que se espera una cosa y que sucede otra, y lo que tememos que salga mal sale a veces bien, y lo que esperamos que salga bien sale a veces mal, por lo cual el que ha de dar consejo, si es hombre leal y que quiere acertar, se ve en grave aprieto, pues si el consejo que da sale bien no recibe más gracias que el que se diga que cumplió con su deber y, si sale mal, se desacredita. Por todo ello me gustaría no tener que dar consejo sobre un asunto que dudoso y que, por donde se mire, tiene sus peligros; pero, pues queréis que os aconseje, y no puedo negarme, me gustaría mucho que supierais lo que sucedió al gallo con la zorra.

El conde le preguntó qué le había sucedido.

—Señor conde —dijo Patronio—, un hombre honrado tenía una casa en el monte y, entre otros animales, criaba muchas gallinas y muchos gallos. Pasó que uno de aquellos gallos paseaba un día descuidadamente por el campo, lejos de la casa, y que lo vio la zorra y se dispuso a cogerle sin que la viera. Pero el gallo notó su presencia y se subió a un árbol, que estaba un poco separado de los demás.

Cuando la zorra le vio en salvo, lo sintió mucho y se puso a pensar cómo podría cogerle. Entonces se dirigió al árbol y empezó a decirle muchas lisonjas y a pedirle que bajara a pasear por el campo, como hacía antes; pero el gallo no quiso. Al ver la zorra que no le engañaba con halagos, comenzó a amenazarle, diciéndole que se arrepentiría de no haberse fiado de él. El gallo, que estaba en salvo, no hacía caso alguno de sus seguridades ni amenazas.

Cuando la zorra comprendió que de esta manera no podía engañarle, se dirigió al árbol y empezó a roer el tronco con los dientes y a dar en él golpes con la cola. El pobre gallo se asustó mucho, sin darse cuenta de que nada de esto era peligroso; el miedo, sin embargo, le llevó a huir a los otros árboles, con el deseo de estar más seguro y, sin poder llegar a los que estaban juntos, voló a otro árbol. Al ver la zorra que sin motivo estaba asustado, se fue tras él y le fue llevando de árbol en árbol, hasta lograr cogerlo y comérselo.

Vos, señor conde Lucanor, pues os veis envuelto en tantas guerras y habéis de atender a la defensa de lo que tenéis, no debéis nunca asustaros sin causa ni temer las amenazas ni dichos de nadie; tampoco debéis poner vuestra confianza en alguien que pueda haceros daño, sino esforzaros por defender lo más apartado, en la seguridad de que un hombre como vos, mientras tenga soldados y provisiones, aunque el castillo no sea muy fuerte, no corre peligro. Y si por un temor inmotivado abandonáis alguno de aquellos lugares apartados de vuestros dominios, podéis estar cierto de que os sacarán de los otros, hasta que no os quede un palmo de tierra; porque, en cuanto vuestros enemigos se den cuenta de que el miedo os hace abandonar un lugar, cobrarán más ánimos para quitaros los que aún os queden. Del mismo modo cuanto más esforzados viereis a vuestros contrarios desmayaréis más vos y los vuestros, y así llegará un momento en que os lo quiten todo. Si, por el contrario, defendéis bien lo primero, ya no os seguirán atacando en los otros lugares, lo mismo que al gallo si se hubiera quedado en el primer árbol en que estaba. Este cuento deberían saberlo todos aquellos que tienen fortalezas a su cargo, para no asustarse sin motivo cuando los enemigos hacen un foso o les atacan desde torres de madera o con cualquier otra máquina de guerra, que sólo sirven para atemorizar a los sitiados. Aún os diré otra cosa para que veáis que estoy en lo cierto. Ninguna fortaleza se puede tomar más que escalando o minando el muro: si el muro es alto, no podrán llegar las escaleras; para hacer una mina se necesita tiempo y espacio. Por eso todas las fortalezas que se toman es porque falta algo a los cercados o porque se asustan sin motivo alguno. Creo, por tanto, que las personas como vos, y aun los que no son tan poderosos, deben mirar con detenimiento qué es lo que emprenden y sólo decidirse a hacer una cosa cuando no la pueden ni la deben excusar. Mas después de haberla comenzado no debéis atemorizaros por nada del mundo, aunque tengáis razón para ello, porque es un hecho que de los que están en un peligro escapan mejor los que se defienden que los que huyen. Fijaos sólo en que si un perrillo al que quiere matar un milano se queda quieto y enseña los dientes, a lo mejor escapa, mientras que un perro que huye, por grande que sea, es cogido y muerto en el acto.

Al conde agradó mucho lo que Patronio le dijo, obró según este consejo y le resultó bien. Como a don Juan le pareció este cuento muy bueno, lo hizo poner en este libro y escribió unos versos que dicen así:

No te asustes nunca sin razón,
mas defiéndete bien como varón.

Cuento XIII

LO QUE SUCEDIO A UN HOMBRE QUE CAZABA PERDICES

Conversaba una otra vez el conde Lucanor con Patronio, su consejero, y le dijo así:

—Patronio, algunas personas muy importantes, y también otras que no lo son tanto, a veces hacen daño a mi hacienda o mis vasallos y, cuando me ven, me dicen que les pesa mucho y que lo hicieron obligados por la necesidad y porque no podían en aquel momento hacer otra cosa. Como quiero saber qué conducta seguir cuando tales cosas me sucedan, os ruego me digáis vuestra opinión.

—Señor conde Lucanor —respondió Patronio—, lo que os pasa y os preocupa tanto se parece mucho a lo que sucedió a un hombre que cazaba perdices.

El conde le rogó que se lo contara.

—Señor conde —dijo Patronio—, un hombre puso redes a las perdices y, cuando cayeron, se llegó a ellas y, conforme las iba sacando, las mataba a todas. Mientras hacía esto le daba el viento en la cara con tanta fuerza que le hacía llorar. Una de las perdices que aún estaba viva empezó a decir a las que quedaban dentro de la red:

—Ved, amigas, lo que hace este hombre, que, aunque nos mata, nos compadece y llora por eso.

Otra perdiz, que por ser más sabia que la que hablaba no cayó en la red, le dijo desde fuera:

—Amiga, mucho le agradezco a Dios el haberme guardado, como le ruego haga en adelante, no sólo conmigo, sino con todas mis amigas, del que quiere matarme o hacerme daño y simula sentirlo.

Vos, señor conde Lucanor, guardaos siempre del que os perjudica y dice que le pesa; pero si alguien os perjudicara involuntariamente y el daño o pérdida no fuera mucho y esa persona os hubiera ayudado en otra ocasión o hecho algún servicio, yo os aconsejo que en este caso disimuléis, siempre que ello no se repita tan a menudo que os desprestigie o lesione mucho vuestros intereses. De otra manera, debéis protestar con tal energía que vuestra hacienda y vuestra honra queden a salvo.

El conde tuvo por buen consejo éste que le daba Patronio, lo puso en práctica y le fue muy bien. Viendo don Juan que este cuento era muy bueno, lo mandó poner en este libro y escribió unos versos que dicen así:

Procúrate siempre muy bien guardar
del que al hacerte mal muestra pesar.

CUENTO XIV

EL MILAGRO QUE HIZO SANTO DOMINGO CUANDO PREDICO EN EL ENTIERRO DEL COMERCIANTE

Un día hablaba el conde Lucanor de sus asuntos con Patronio, su consejero, y le dijo así:

—Patronio, algunas personas me aconsejan que junte la

mayor cantidad de dinero posible, y dicen que esto me conviene más que ninguna otra cosa. Os ruego me digáis qué os parece de ello.

—Señor conde Lucanor —dijo Patronio—, aunque es verdad que los grandes señores necesitáis dinero para muchas cosas, pero, sobre todo, para no dejar de hacer, por falta de él, lo que sea conveniente, no creáis, sin embargo, que debéis dedicaros a allegar dinero con tanto afán que no hagáis por vuestras gentes y por conservar vuestro decoro y dignidad lo que sea necesario, pues de otra manera os sucederá lo que pasó a un lombardo en Bolonia.

El conde le preguntó qué le había sucedido.

—Señor conde —dijo Patronio—, había en Bolonia un lombardo que juntó mucho dinero sin parar en los medios, tratando sólo de que fuera mucho. Un día el lombardo enfermó de muerte. Un amigo, cuando le vio tan malo, le aconsejó que se confesara con Santo Domingo, que estaba en Bolonia, a quien, en efecto, mandó llamar. Al recibir el recado comprendió el santo que no era voluntad de Dios que aquel hombre escapara al castigo que por su codicia había merecido y no quiso ir, pero mandó a otro fraile. Enterados los hijos del lombardo de que su padre había mandado por Santo Domingo, se preocuparon mucho, temiendo que el santo hiciera a su padre dar por su alma lo que había robado y se quedaran ellos sin nada. Por eso, al llegar el fraile, le dijeron que su padre sudaba, que en aquel momento no convenía hablarle y que ya le llamarían ellos otra vez. Al poco rato perdió el padre el habla y murió, de manera que no hizo nada de lo que debía hacer para salvarse.

Cuando al otro día le llevaron a enterrar, pidieron a Santo Domingo que predicara. Lo hizo el santo, pero al llegar a hablar de aquel hombre, citó el texto evangélico:

Ubi est thesaurus tuus ibi est cor tuum, que en castellano quiere decir: «Donde está tu tesoro está tu corazón»; y volviéndose a las gentes, dijo:

—Amigos, para que veáis cuán verdad es todo lo que dice el Evangelio, mirad el corazón de este hombre y hallaréis que no está en su cuerpo, sino en el arca donde guardaba su dinero.

Entonces le miraron el corazón y no lo encontraron en su cuerpo, sino en el arca, como el santo había dicho. Estaba lleno de gusanos y olía peor que lo más podrido que hubiera en el mundo.

Vos, señor conde Lucanor, aunque, como os he dicho, el dinero es bueno, procurad dos cosas la una, que el que juntéis sea por medios lícitos; la otra, no aficionaros tanto a él que hagáis por poseerlo lo que no debéis u olvidéis vuestra honra o que es mejor reunir un tesoro de buenas obras con el que alcancéis la gracia de Dios y la buena fama.

Al conde le gustó mucho este consejo que le dio Patronio, y obró según él y le fue muy bien. Viendo don Juan que este cuento era bueno, lo hizo escribir en este libro y compuso estos versos:

Gana el tesoro que es verdadero,
no te preocupes del perecedero.

CUENTO XV

LO QUE SUCEDIO A DON LORENZO SUAREZ EN EL SITIO DE SEVILLA

Una vez le dijo el conde Lucanor a Patronio, su consejero, lo siguiente:

—Patronio, una vez me sucedió que tuve a un rey muy poderoso por enemigo y, cuando ya la guerra había durado mucho, vimos que era más conveniente hacer las paces. Pero aunque ahora estamos avenidos y no peleamos, seguimos viviendo con mucho miedo el uno del otro. Gente de la suya y aun de la mía me atemorizan, diciéndome que busca un pretexto para hacerme la guerra. Por vuestro buen entendimiento os ruego que me aconsejéis lo que deba hacer.

—Señor conde Lucanor —dijo Patronio—, éste es un consejo muy difícil de dar, por varias razones, ya que por este medio todo el que quiera meteros en dificultades lo puede hacer muy fácilmente, dándoos a entender que lo que busca es vuestro provecho, pues al abriros los ojos y poneros en guardia parece dolerse del daño que os vendría si así no lo hicierais, y, metido en sospecha, no podréis menos que tomar medidas que sean principio de una guerra, sin que podáis culpar a los que os lo aconsejaron, pues el que os diga que no os guardéis de vuestros enemigos muestra no importarle vuestra vida, y el que os diga que no mejoréis y proveáis de gente, armas y provisiones vuestras fortalezas muestra no importarle vuestros señoríos, y el que no os aconseje procuréis tener muchos amigos y muchos vasallos, haciendo por conservarlos y tenerlos contentos, muestra no importarle vuestra honra y defensa; todo lo cual, si no se hace, es muy peligroso, y si se hace puede ser comienzo de desavenencias. Pero, pues queréis que os aconseje en esta disyuntiva, me gustaría mucho que supierais lo que le sucedió a un valiente caballero.

El conde le rogó que se lo contara.

—Señor conde —dijo Patronio—, cuando el santo y bienaventurado rey don Fernando tenía cercada Sevilla, estaban en su ejército, entre otros muchos buenos caballeros, tres considerados como los mejores que en aquel tiempo había en el mundo: el uno se llamaba don Lorenzo Suárez Gallinato, el otro don García Pérez de Vargas, y no recuerdo el nombre del tercero. Estos tres caballeros disputaron un día sobre cuál de ellos era el mejor. No pudiéndose poner de acuerdo, resolvieron armarse muy bien y llegar los tres juntos a dar con sus lanzas a las mismas puertas de Sevilla.

A la mañana siguiente, se armaron los tres y se dirigieron

a la ciudad. Los moros que estaban por las torres y muros, cuando vieron que sólo eran tres, los tomaron por emisarios y no salieron a pelear con ellos. Los tres caballeros pasaron el puente y la barbacana y, llegando a las mismas puertas de la ciudad, dieron con los pomos de las lanzas en ellas. Hecho esto, volvieron las riendas y se dirigieron al campamento. Al ver los moros que nada decían, tuviéronse por burlados y quisieron salir tras ellos; pero cuando abrieron las puertas ya los caballeros se habían alejado. Los que salieron a perseguirlos eran más de mil quinientos jinetes y más de veinte mil infantes. Cuando los tres caballeros se vieron perseguidos, volvieron las riendas y los esperaron. Al llegar los moros cerca de ellos, el caballero cuyo nombre he olvidado los fue a atacar, mientras que don Lorenzo Suárez y don García Pérez permanecieron quietos; cuando los moros se acercaron más, don García Pérez marchó contra ellos, mientras que don Lorenzo permaneció quieto, sin atacarlos hasta ser atacado. Entonces se metió entre ellos y comenzó a hacer muy extraordinarios hechos de armas.

Cuando los cristianos vieron a los tres rodeados de moros fueron a socorrerlos. Y aunque pasaron momentos muy difíciles y quedaron heridos, por la merced de Dios no murió ninguno. Fue tan grande y reñida la batalla entre los dos ejércitos que el rey don Fernando acabó por venir. Triunfantes los cristianos, al volver el rey a su tienda mandó prender a los tres caballeros, diciendo que merecían la muerte por tamaña locura, atacando a los moros sin orden suya y arriesgando sus vidas. Pero como intercedieron en su favor los hombres más ilustres que había en el ejército, los mandó soltar.

Cuando el rey supo que lo habían hecho para dirimir la disputa que entre ellos tuvieron, mandó llamar a los mejores hombres de su ejército para decidir quién llevaba la razón. Reunidos, discutieron mucho, pues unos decían que el más esforzado era el que primero los fue a atacar, otros que el segundo y otros que el tercero. Cada uno alegaba tantas razones que parecía que tenía razón. Y, en verdad, que los hechos de los tres caballeros eran tan buenos que no faltarían a nadie razones para alabar al uno o al otro. Pero al final se acordó lo siguiente: si los moros que los atacaron hubieran podido, por su escaso número, ser vencidos por el esfuerzo de los tres caballeros, el mejor sería el primero que los fue a atacar, pues comenzó una cosa que podía felizmente ser acabada; pero, pues los moros eran tantos que los tres caballeros no podían vencerlos, resultaba evidente que el que primero los atacó no esperaba hacerlo, sino que por vergüenza no se atrevió a huir, y el miedo y la falta de serenidad le hicieron atacar. Mejor que éste era el segundo, pues se mantuvo más tiempo sereno. Pero a don Lorenzo Suárez, que sin dejarse dominar por el miedo esperó tranquilo a que los moros le atacaran, juzgaron por el mejor caballero de todos.

Vos, señor conde Lucanor, pues veis que os están tratando de infundir temor y que esa guerra sería tal que vos con vuestras fuerzas no podríais acabarla, persuadíos que cuanto más sufriereis el miedo daréis más muestras de valor y cordura; y, puesto que tenéis lo vuestro seguro y no os pueden por sorpresa hacer mucho daño, mi consejo es que no perdáis la serenidad, como hizo el primer caballero. Ya que no podéis sufrir repentinamente ningún descalabro, esperad a que el otro os ataque y quizá tendréis ocasión de ver que vuestro temor carece de fundamento, y que sólo os dicen estas cosas quienes se benefician de ellas y quienes medran a río revuelto. Podéis estar seguro de que ni los amigos de vuestro adversario ni los vuestros que tratan de meteros miedo quieren la guerra, para la cual no disponen de medios, ni tampoco la paz, sino un alboroto en que puedan robar y atacar vuestras tierras y obligaros a vos y a los vuestros a que les deis lo que tenéis y lo que no tenéis, sin miedo de ser castigados por lo que hagan. Por lo cual os vuelvo a aconsejar que, aunque vuestro enemigo haga algo contra vos, esperéis con paciencia que él inicie el ataque, lo que para vos tendrá muchas ventajas, ya que, en primer lugar, Dios estará de vuestra parte, lo que en estas cosas es muy necesario, y, en segundo lugar, todo el mundo verá que tenéis razón. Fuera de esto, quizá si vos no hacéis lo que no debéis el otro no os ataque, con lo que tendréis paz y serviréis a Dios, seréis estimado por los buenos y no os perjudicaréis por complacer a los que se benefician con vuestro daño, que por eso mismo sentirían muy poco.

Al conde le gustó mucho este consejo que Patronio le daba, lo siguió y le fue bien con él. Como don Juan vio que este cuento era bueno, lo mandó escribir en este libro e hizo unos versos que dicen así:

Que por miedo no os obliguen a atacar,
siempre vence el que sabe esperar.

Cuento XVI

LA RESPUESTA QUE DIO EL CONDE FERNAN GONZALEZ A NUÑO LAINEZ, SU PARIENTE

El conde Lucanor conversaba un día con Patronio, su consejero, de este modo:

—Patronio, bien sabéis vos que yo ya no soy joven y que he pasado muchos trabajos. Os aseguro que me gustaría poder descansar de aquí en adelante, cazando cuando quisiera hacer ejercicio y viviendo libre de disgustos y preocupaciones. Como sé que siempre me habéis aconsejado bien, os ruego que lo mismo hagáis ahora, diciéndome qué es lo que creéis me conviene más.

—Señor conde —respondió Patronio—, aunque tenéis mucha razón en lo que decís, me gustaría que supierais lo que dijo una vez el conde Fernán González a Nuño Laínez.

El conde le rogó que se lo contara.

—Señor conde —comenzó Patronio—, estando el conde Fernán González, que había pasado muchos trabajos por defender su tierra, una vez en Burgos con sosiego y paz, le dijo Nuño Laínez que estaría muy bien que de allí en adelante no guerreara y descansara, y dejara descansar a los suyos. A esto el conde respondió que a nadie en el mundo le agradaría más que a él descansar y vivir en paz con sus vecinos, pero que bien sabía que los moros, los leoneses y los navarros eran enemigos de los castellanos y que, si quisieran éstos descansar, en seguida los atacarían, y que si quisieran solazarse cazando con buenas aves por las riberas del Arlanzón, montados en gruesas mulas, en vez de defender su tierra, lo podrían hacer, pero que les sucedería lo que dice el antiguo proverbio: *Murió el hombre y murió su nombre;* si, por el contrario, los castellanos, olvidando solaz y deleites, se defendían y aumentaban su honra, se diría de ellos: *Murió el hombre, pero no su nombre.* Y pues lo mismo se ha de morir viviendo entre deleites que entre trabajos, no me parece bien que por librarnos de éstos dejemos de obrar de tal manera que después de muertos nos aseguremos la buena fama.

Vos, señor conde, pues tenéis que morir, nunca dejaréis por consejo mío de sacrificar deleites o descanso a trabajos que os sirvan para obtener fama perdurable.

Al conde le agradó mucho lo que Patronio le aconsejó, lo puso en práctica y le fue muy bien. Como a don Juan le pareció este cuento muy bueno, lo hizo poner en este libro y escribió estos versos:

Si por descanso o deleites la buena fama perdemos,
al acabar la vida deshonrados nos quedaremos.

LO QUE SUCEDIO A UN HOMBRE QUE TENIA MUCHA HAMBRE, A QUIEN CONVIDARON POR CUMPLIDO A COMER

Conversaban una vez el conde Lucanor con Patronio, su consejero, y dijo el conde así:

—Patronio, un hombre ha venido a verme y me ha dicho que estaba dispuesto a hacer por mí una cosa que me conviene, pero lo ha dicho de una manera que he comprendido que le agradaría que yo no aceptara de él esa ayuda. Por una parte me vendría muy bien que hiciera lo que me promete, pero por otra no me decido a aceptarlo, ya que me lo ofrece como por cumplido. Por vuestro buen entendimiento os ruego me digáis lo que creéis que debo hacer.

—Señor conde Lucanor —respondió Patronio—, para que hagáis en esto lo que me parece que os conviene más, me gustaría que supierais lo que sucedió a un hombre a quien invitó otro a comer.

El conde le pidió que se lo refiriera.

—Señor conde Lucanor —dijo Patronio—, había un hombre muy respetable que había sido rico y se quedó muy pobre, al cual le daba mucha vergüenza pedir a nadie de comer, y por esta razón sufría a menudo mucha hambre. Un día en que estaba muy afligido por no hallar nada pasó por la casa de un conocido que estaba comiendo. Cuando el otro le vio pasar le dijo, por cumplido, si quería comer. El pobre, apurado por la necesidad, empezó a lavarse las manos y respondió del siguiente modo:

—En verdad, don Fulano, pues tanto insistís y tanto me rogáis que coma con vos, no me parece que sería correcto desatender vuestro ruego y desdeñar lo que con tan buena voluntad ofrecéis.

Dicho esto, se sentó a comer, sació el hambre y quedó

consolado; y de allí en adelante le ayudó Dios, dándole los medios para salir de aquella miseria tan grande en que estaba.

Vos, señor conde Lucanor, pues veis que os conviene lo que ese hombre se ofrece a hacer, dadle a entender que lo aceptáis por complacerle, no os fijéis si lo hace o no por cumplido, y no aguardéis a que insista más; si no, a lo mejor no os vuelve a hablar de ello y os costará más trabajo pedirle que haga lo que él mismo ahora se ofrece a hacer.

El conde tuvo este consejo por bueno, obró según él y le salió muy bien. Viendo don Juan que este cuento era bueno, lo hizo escribir en este libro y compuso unos versos que dicen así:

No te hagas mucho de rogar
en lo que te puedas beneficiar.

Cuento XVIII

LO QUE SUCEDIO A DON PEDRO MELENDEZ DE VALDES CUANDO SE LE ROMPIO LA PIERNA

Un día, hablando el conde Lucanor con Patronio, su consejero, le dijo así:

—Patronio, vos sabéis que tengo un pleito con un señor, vecino mío, muy poderoso, y hemos convenido ir los dos a una villa, y que el que primero llegue se quede con ella; también sabéis que tengo reunida a toda mi gente y que estoy seguro de que si por misericordia de Dios yo pudiera ir probablemente ganaría la villa. Pero me preocupa mucho ver que no puedo hacerlo por no estar muy sano. Aunque la de la villa es pérdida muy grande, más me preocupa lo que la gente diga en elogio suyo y vituperio mío. Por la confianza que tengo en vos os ruego me digáis lo que en este conflicto debo yo hacer.

—Señor conde Lucanor —respondió Patronio—, aunque no os falta razón para lamentaros, me gustaría que supierais lo que sucedió a don Pedro Meléndez de Valdés, que bien puede servir de regla para casos tales.

El conde le pidió que se lo refiriera.

—Señor conde Lucanor —dijo Patronio—, don Pedro Meléndez era un honrado caballero leonés, que tenía costumbre de decir, siempre que sufría una contrariedad: "Bendito sea Dios, que pues si él lo ha hecho será por bien". Este don Pedro Meléndez gozaba de mucha confianza con el rey de León. Otros consejeros, enemigos suyos, llenos de envidia le calumniaron, acusándole de tantos crímenes que el rey se resolvió a mandarle matar. Estando don Pedro en su casa le llegó una orden del rey para que fuera de inmediato a hablar con él. Los que le habían de matar le esperaban a media legua de donde él vivía. Yendo a cabalgar don Pedro Meléndez para ver al rey, cayó por una escalera y se rompió una pierna. Cuando sus servidores que habían de acompañarle vieron lo que le había pasado, lo sintieron mucho y empezaron a echarle en cara su confianza en Dios de este modo:

—Ea, don Pedro, vos que siempre decís que lo que Dios hace es lo mejor, recibid la merced que Dios os ha hecho.

El les respondió que podían estar seguros de que, aunque esta desgracia les contrariara y les entristeciera, al final verían que, pues Dios lo había hecho, sería por bien. Y por más que replicaron no pudieron hacerle cambiar de opinión.

Los que estaban esperando para matarle, por orden del rey, cuando vieron que no venía y supieron la causa, fueron al rey y le dijeron por qué no habían podido cumplir su mandato.

Don Pedro Meléndez pasó mucho tiempo sin poder cabalgar. En este tiempo se enteró el rey de que eran falsas las acusaciones de sus enemigos, a los que, en vista de ello, mandó prender; hecho esto fue a ver a don Pedro, que seguía sin poderse mover, y le dijo cómo había sido calumniado, cómo mandó que le mataran y, pidiéndole perdón, le hizo muchos obsequios para compensarle. Después de lo cual mandó ejecutar en su presencia a los que falsamente le habían acusado. Así libró Dios a don Pedro Meléndez de sus enemigos y calumniadores y resultó verdad que, como él decía, lo que Dios hace es siempre para bien.

Vos, señor conde Lucanor, no os lamentéis por la contrariedad que ahora sufrís, mas tened por cierto en vuestro corazón que lo que Dios hace es siempre lo mejor; si así lo pensáis, él os sacará de todo con bien. Pero debéis saber que las cosas que pueden sucedernos son de dos clases: unas son aquéllas a las que se puede poner remedio; las otras son aquéllas contra las que no es posible hacer nada. En las cosas que pueden remediarse debe el hombre buscar los medios para ello, sin esperar a que se enderecen por casualidad o por voluntad de Dios, ya que esto sería tentar a Dios; mas pues el hombre tiene entendimiento y razón, ha de hacer todo lo que pueda para poner remedio a sus desdichas. Por el contrario, en aquellas cosas en que no es posible hacer nada debemos creer que, pues Dios las dispone, son por nuestro bien. Y como la enfermedad que os ha sobrevenido es una de las cosas a que no podemos poner remedio, convenceos de que, pues Dios lo ha dispuesto, será por bien, y de que Dios hará que todo salga como deseáis.

El conde vio que Patronio decía la verdad y le daba un consejo muy bueno, obró según él y le fue muy bien. Como don Juan creyó que este cuento era bueno lo hizo escribir en este libro y compuso unos versos que dicen sí:

No te quejes de lo que Dios hiciere,
que será por tu bien cuando El quisiere.

LO QUE SUCEDIO A LOS CUERVOS
CON LOS BUHOS

Hablando un día el conde Lucanor con Patronio, su consejero, le dijo así:

—Patronio, yo tengo un enemigo muy poderoso, el cual tenía en su casa a un pariente suyo, a quien había criado y hecho mucho bien. Un día se pelearon y mi enemigo le ofendió de obras y palabras, por lo cual el pariente, aunque tenía mucho que agradecerle, viendo el daño que había recibido y buscando el modo de vengarse, vino a mí. A mí me parece que ello me conviene, porque, como éste conoce muy bien a mi enemigo, puede aconsejarme la mejor manera de hacerle daño. Por la confianza que tengo en vos y en vuestro buen criterio, os ruego me digáis qué es lo que creéis que debo hacer.

—Señor conde Lucanor —respondió Patronio—, en primer lugar os aseguro que ese hombre ha venido a vos para engañaros. Para que mejor comprendáis cómo quiere hacerlo me gustaría supierais lo que sucedió a los búhos y a los cuervos.

El conde le rogó que se lo refiriera.

—Señor conde Lucanor —dijo Patronio—, los cuervos y los búhos estaban en guerra. Los cuervos iban perdiendo, porque los búhos, que acostumbran a andar de noche, mientras que de día se ocultan en cuevas que son muy difíciles de encontrar, venían por la noche a los árboles donde estaban los cuervos y mataban o herían a muchos de ellos. En vista de lo cual un cuervo muy sabio, a quien afligía mucho el daño que los de su especie recibían de los búhos, habló con los cuervos, sus parientes, y les explicó el modo de vengarse. Y el modo fue éste: primero los cuervos le arrancaron las plumas de todo el cuerpo, dejándole sólo un poco en las alas, con las que volaba con dificultad; así maltrecho se fue a los búhos y les dijo que le habían hecho esto por aconsejar, entre otras cosas, que no lucharan contra los búhos; por lo cual estaba dispuesto, si ellos querían, a enseñarles cómo podrían vengarse de los cuervos y hacerles daño.

Cuando los búhos oyeron esto se alegraron mucho y creyeron que así lograrían la victoria, con lo que empezaron a tratarle muy bien y a confiarle sus secretos y resoluciones. Había, sin embargo, entre los otros búhos, uno muy viejo y que había visto mucho, el cual, comprendiendo el engaño del cuervo, fue a ver al caudillo de los búhos y le dijo que estuviera seguro de que aquel cuervo había venido para averiguar lo que ellos hacían, y que no era obrar con prudencia admitirle en su compañía; mas no fue creído. Ante esto, se separó de ellos y se fue a una tierra donde los cuervos no le encontraran. Los otros búhos se fiaron del cuervo.

Cuando a éste le crecieron las plumas dijo a los búhos que, pues podía volar, iría en busca de los cuervos y vendría a decirles dónde se encontraban para que pudieran matar a todos. Esto agradó mucho a los búhos. Al llegar el cuervo donde estaban los otros se juntaron muchos y, enterados de todo lo que hacían los búhos, fueron contra ellos de día, cuando no vuelan y se hallaban libres de temor, y mataron a tantos que los cuervos quedaron vencedores. Este daño les vino a los búhos por fiarse del cuervo, que era enemigo natural de ellos.

Vos, señor conde Lucanor, pues sabéis que este hombre que se vino a vos es pariente de vuestro enemigo y él también ha de serlo, como todos los de su linaje, de ninguna manera lo tengáis con vos, ya que podéis estar seguro de que no ha venido sino a engañaros y a haceros daño. Pero si él os quiere servir desde lejos, de modo que no os pueda perjudicar ni enterarse de lo que hacéis, y le llegara a hacer tanto daño a vuestro enemigo, de quien es pariente, que nunca ya pudiera avenirse con él, entonces y sólo entonces podríais fiaros de él, pero siempre de manera que no os pueda venir por ello mal ninguno.

El conde tuvo éste por muy buen consejo, obró según él y le fue muy bien. Viendo don Juan que este cuento era bueno, lo hizo poner en este libro y escribió unos versos, que dicen así:

Al que enemigo tuyo solía ser
nunca le debes en nada creer.

Cuento XX

LO QUE SUCEDIO A UN REY CON UN HOMBRE QUE LE DIJO QUE SABIA HACER ORO

Un día hablaba el conde Lucanor con Patronio, su consejero, de este modo:

—Patronio, un hombre me ha venido a ver y me ha dicho que puede proporcionarme mucho poder y muchas riquezas, pero que tengo que darle algún dinero para comenzar, que habrá de darme él diez por uno. Por el buen entendimiento que Dios os ha dado os ruego me digáis qué es lo que os parece que más me conviene.

—Señor conde Lucanor —respondió Patronio—, para hacer lo que más os conviene os convendría saber lo que sucedió a un rey con un hombre que le dijo que sabía hacer oro.

El conde le preguntó qué le había sucedido.

—Señor conde Lucanor dijo Patronio—, había un pícaro que era muy pobre y tenía muchas ganas de llegar a rico para salir de las estrecheces en que vivía. Aquel hombre se enteró de que un rey, que no era muy inteligente, se aplicaba a la alquimia con la esperanza de poder hacer oro. En vista de

73

ello tomó cien doblas, las redujo a polvo, y, juntando con el polvo otras varias cosas, hizo cien bolitas, cada una de las cuales tenía el oro de una de las doblas. Llevándolas consigo se fue a la ciudad donde vivía el rey y, vestido con ropas de persona grave, las llevó a un especiero y se las vendió todas por dos o tres doblas. El especiero le preguntó para qué servían; el pícaro le respondió que para muchas cosas, pero, sobre todo, para hacer oro. También le preguntó cómo se llamaba; el pícaro le dijo que se llamaba tabardíe.

El pícaro pasó algún tiempo en aquella ciudad, haciendo vida de hombre recogido. De cuando en cuando decía en secreto a alguna persona que sabía hacer oro. Cuando estas noticias llegaron al rey le mandó llamar y le preguntó si era ello verdad. El pícaro hizo al principio como si quisiera negarlo, pero al final le dio a entender que sí lo sabía. También le dijo que en este asunto no debía fiarse de ninguna persona ni aventurar mucho dinero, pero que, si quería, probaría ante él y le enseñaría lo que había aprendido. El rey se lo agradeció mucho, convencido, por lo que le oía, de que no había engaño. Entonces el pícaro mandó traer las cosas que dijo se necesitaban, que eran muy corrientes, fuera de una bola de tabardíe. Todo costó muy poco dinero. Cuando las trajeron y las fundieron delante del rey salió oro por valor de una dobla. Al ver el rey que de lo que costaba tan poco dinero salía una dobla, se puso muy contento y se consideró el hombre más dichoso del mundo. Le dijo al pícaro, que le parecía persona muy honrada, que hiciese más oro, a lo que el otro replicó con naturalidad:

—Señor, ya os he mostrado lo que yo sabía. De aquí en adelante vos podréis hacerlo tan bien como yo; sólo os advierto que si os falta una de estas cosas no lograréis nada.

Dicho esto, se despidió del rey y se marchó a su casa. El rey probó por sí mismo a hacer oro y, habiendo doblado los ingredientes, le salió por valor de dos doblas. Volviéndolos a doblar, obtuvo oro por valor de cuatro. De esta manera, conforme aumentaban los ingredientes aumentaba el oro. Cuando el rey vio que podía hacer cuanto oro quería, mandó traer lo necesario para hacer oro por valor de mil doblas. Pero, aunque encontraron las demás cosas, no encontraron el tabardíe. Viendo que, por faltar el tabardíe, no podía hacerse oro, envió por aquel que le había enseñado a fabricarlo y le dijo lo que le pasaba. El pícaro le preguntó si tenía todos los ingredientes que se enumeraban en la receta. El rey respondió que sólo le faltaba el tabardíe. Dijo entonces el pícaro que recordara cómo desde el principio le había advertido que si faltaba algún ingrediente no podría hacerse oro. Le preguntó el rey si sabía en qué país se hallaba el tabardíe y él dijo que sí. Oído esto, el rey le mandó que fuese por él y trajera lo necesario para hacer todo el oro que él quisiera. Le respondió el pícaro que, aunque cualquier otro podría hacer esto tan bien como él, si no mejor, si era servicio suyo estaba dispuesto a ir a buscarlo, ya que en su país era muy abundante. Entonces le hizo un cálculo al rey de lo que podían montar los gastos del viaje y el tabardíe y resultó una suma muy crecida. Cuando el pícaro cogió el dinero se fue de allí y nunca volvió a ver al rey, que fue engañado por su poca prudencia. Al ver el rey que tardaba mucho envió a preguntar a su casa si habían recibido noticias suyas. Pero solo hallaron en ella un arca cerrada, en la que, al ser abierta, vieron un papel, dirigido al rey, que decía de este modo:

—Podéis estar seguro de que no existe el tabardíe. Os he engañado. Cuando yo os decía que os haríais rico debierais haberme respondido que primero me hiciese yo, y entonces me creeríais.

A los pocos días de esto estaban unos hombres riéndose y de broma. Se les ocurrió escribir los nombres de todos los que conocían, a un lado los valientes, a otro los ricos, a otro los sabios y así de todas las demás cualidades. Al hacer la lista de los tontos pusieron primero al rey. Cuando éste lo supo los mandó llamar y, asegurándoles que no les haría daño alguno por ello, les preguntó por qué le habían puesto entre los tontos. Ellos contestaron que por haber dado tanto dinero a quien no conocía. El rey les dijo que se equivocaban y que si viniera el que se había llevado el dinero no quedaría él con fama de tonto. Le respondieron entonces que en ese caso el número de los de la lista no disminuiría, pues si el otro volvía quitarían al rey y le pondrían a él.

—Vos, señor conde Lucanor, si no queréis que os tengan por tonto no aventuréis tanto por lo que es incierto que os arrepintáis ni os arriesguéis a perder nada en lo que no es seguro por esperanza de un gran beneficio.

Al conde agradó este consejo, lo puso en práctica y le fue muy bien. Viendo don Juan que este cuento era bueno, lo hizo poner en este libro y escribió unos versos que dicen así:

No aventures nunca tu riqueza
por consejo del que vive en pobreza.

CUENTO XXI

LO QUE SUCEDIO A UN REY MOZO CON UN
GRAN FILOSOFO A QUIEN SU PADRE
LE HABIA ENCOMENDADO

Otro día, hablando el conde Lucanor con Patronio, su consejero, dijo lo siguiente:

—Patronio, yo tenía un pariente a quien quería mucho, que murió y dejó un hijo pequeño, al cual crié yo. Por el parentesco y cariño que me unían a su padre y porque espero de él mucha ayuda desde que llegue a edad de prestármela, me he esmerado en criarle y hoy bien sabe Dios que le quiero como a un hijo. El muchacho es muy inteligente y espero que llegue a ser hombre de provecho. Temo, sin embargo, que la mocedad, que engaña muchas veces a los mancebos y no les deja ver lo que más les conviene, engañe también a éste que he criado. Como me gustaría que ello no sucediera, os ruego, por vuestro buen entendimiento, que me digáis qué debo hacer para que el muchacho haga siempre lo más conveniente a su salud y beneficioso a su hacienda.

—Señor conde Lucanor —respondió Patronio—, para que podáis hacer por este mancebo lo mejor, según mi criterio, me gustaría mucho que supierais lo que sucedió a un gran filósofo con un rey mozo, a quien había educado.

El conde le preguntó qué le había sucedido.

—Señor conde —comenzó Patronio—, un rey tenía un hijo que dio a educar a un filósofo, en quien confiaba. Cuando murió el rey le sucedió su hijo, que era muy niño, al cual el filósofo adoctrinó hasta que hubo cumplido los quince años. Pero luego, al entrar en la mocedad comenzó a desdeñar los consejos del sabio y a regirse por los de otros mozalbetes que, como no le querían, no se preocupaban por su salud ni por su buena fama. Viviendo de este modo pronto se vio que física y moralmente ya no era el de antes. Todo el mundo le criticaba por arruinar su salud y por dilapidar sus tesoros. Yendo la cosa de mal en peor, el filósofo que le había educado se afligía mucho y no sabía qué hacer, pues ya había intentado muchas veces corregirle con blandas palabras y amonestaciones y aun con dureza, sin lograr nada, pues la mocedad no le dejaba ver al rey mancebo su conveniencia. Cuando comprendió el sabio que por este camino no lograba nada, pensó lo que oiréis.

Empezó el filósofo a decir entre los cortesanos que él era la persona en el mundo que mejor entendía la lengua de las aves. A tanta gente se lo dijo que llegó a oídos del rey, que en cuanto lo supo preguntó al filósofo si era verdad. Aunque el filósofo hizo al principio como si quisiera negarlo, al fin confesó que era cierto, pero que convenía no lo supiera nadie en el mundo. Como los mozos se impacientan mucho por saber y por hacer las cosas, el rey ardía en deseos de oír al filósofo interpretar la lengua de las aves. Cuanto más el maestro lo iba demorando más impaciencia sentía el discípulo, que le apretó tanto que resolvieron salir un día tan de mañana que nadie los viera a escuchar las aves.

Madrugaron mucho. El filósofo llevó al rey por un valle en que había muchas aldeas abandonadas. Por fin vieron una corneja que graznaba en un árbol. El rey se la mostró al filósofo, quien hizo seña de que la entendía. Otra corneja empezó a graznar en otro árbol. Las dos estuvieron un rato graznando, a veces la una y a veces la otra. Cuando el filósofo las hubo oído un rato comenzó a llorar desconsoladamente, a rasgar sus vestidos y a dar las mayores muestras de dolor. Al ver esto el rey se asustó mucho y le preguntó que por qué lo hacía. El sabio hizo al principio como si no quisiera explicar el motivo, pero, insistiendo el mozo, acabó por decir que más querría estar muerto que vivo, pues ya no sólo los hombres, sino hasta los pájaros comprendían cómo por su locura había destruido todo su reino y dilapidado su patrimonio y por ello mismo le despreciaban. El rey le preguntó que cómo era posible. Respondióle el filósofo que las dos cornejas habían resuelto casar al hijo de la una con la hija de la otra, y que la primera que habló le dijo a la segunda que, puesto que hacía tanto tiempo que el casamiento estaba convenido, ya era hora de que los casasen. La otra corneja le contestó que era verdad que lo habían convenido, pero que ahora era ella más rica, porque, gracias a Dios, desde que reinaba este rey habían quedado abandonadas todas las aldeas de este valle, por lo que encontraba en las casas vacías muchas culebras, lagartos, sapos y otras sabandijas que se crían en los lugares abandonados, con lo que comía ahora mucho mejor, por lo cual ya no era este casamiento tan igual como antes. Cuando la otra corneja oyó esto se empezó a reír y le respondió que era una tontería aplazar por ello el casamiento, puesto que sólo con que Dios le diese más vida a este rey la superaría ella en riqueza, pues no tardaría en quedar desierto aquel otro valle donde moraba, que tenía diez veces más aldeas, y que, siendo esto así, no valía la pena aplazar el casamiento; por lo cual acordaron las dos cornejas celebrarlo de inmediato.

Al oír esto el rey mozo se disgustó mucho y empezó a pensar que era una vergüenza el destruir lo suyo de este modo. Viendo el filósofo el sentimiento y la preocupación del mancebo y que efectivamente quería corregirse, le dio muchos buenos consejos, de manera que en poco tiempo quedó enderezado lo que estaba torcido y puso en orden su vida y su reino.

Vos, señor conde, pues habéis criado a este otro mancebo y queréis llevarle por el buen camino, buscad el modo de adoctrinarle por medio de historias agradables y gustosas de oír, pero de ningún modo os enojéis con él por quererle corregir con denuestos o riñas, porque el carácter de la mayoría de los mancebos es tal que pronto aborrecen al que los amonesta, y sobre todo si es hombre de alcurnia, creen que es una ofensa, sin ver qué errados andan en ello, pues no hay en el mundo tan buen amigo como el que amonesta al mancebo para que no yerre; pero ellos no lo consideran así, sino que lo toman por otro lado. De manera que si lo hacéis nacerá entre los dos tanta antipatía que podrá perjudicaros a él y a vos el día de mañana.

Al conde agradó mucho este consejo que Patronio le dio, al cual ajustó su conducta de allí en adelante. Como a don Juan gustó mucho este cuento lo hizo poner en este libro y escribió unos versos que dicen así:

Al mancebo no debemos reñir,
mas con blandas razones persuadir.

Cuento XXII

LO QUE SUCEDIO AL LEON Y AL TORO

Hablando una vez el conde Lucanor con Patronio, su consejero, le dijo así:

—Patronio, yo tengo un amigo muy ilustre y muy poderoso, y aunque hasta ahora sólo he recibido de él favores, me dicen que ya no es el mismo y que está buscando el modo de romper conmigo. Ando por ello muy preocupado, temiendo que si se da cuenta de mis sospechas y me cuido de él hará también lo mismo, con lo que irá creciendo el recelo entre ambos y acabaremos por desavenir. Por la confianza que me inspiráis, os ruego que me aconsejéis lo que os pareciere más conveniente.

—Señor conde Lucanor —respondió Patronio—, para que podáis evitar los daños que de esta desavenencia os habrán de venir me gustaría que supierais lo que sucedió al león y al toro.

El conde le rogó que se lo contara.

—Señor conde Lucanor —dijo Patronio—, el león y el toro eran muy amigos, y como los dos tienen mucha fuerza dominaban a los demás animales, pues con ayuda del toro el león había sometido a los que comen carne y con ayuda del león el toro dominaba a los que se alimentan de hierba. Cuando los demás animales se dieron cuenta de que el león y el toro los sojuzgaban por el auxilio que recibían el uno del otro y que les venía de ello mucho daño, hablaron entre sí a ver de qué manera podrían librarse de su tiranía. Comprendiendo que si lograban que el león y el toro se desavinieran ya no podrían imponer su yugo, encargaron a la zorra y al carnero, que eran los que gozaban de más confianza con el uno y el otro, que se esforzaran por enconarlos. Ambos animales prometieron hacer todo lo que pudieran para conseguirlo.

La zorra, que era consejero del león, pidió entonces al

oso, que es, después del león, el animal más fuerte que come carne, que dijera a éste que le habían dicho hacía ya muchos días que el toro andaba buscando el modo de hacerle todo el daño posible y que, aunque quizá no fuera verdad, debía vivir alerta. Lo mismo dijo el carnero, que era consejero del toro, al caballo, que es, después del toro, el animal más fuerte de los que comen hierba.

Cuando el león y el toro oyeron decir esto al oso y al caballo, aunque de momento no lo creyeron, temiendo que ellos, que eran los más importantes de sus vasallos, se lo dijeran por enconarlos, no dejaron, sin embargo, de concebir sospechas. Por eso el león habló con la zorra, y el toro con el carnero, que eran sus allegados. Ambos le dijeron que, aunque era posible que el oso y el caballo lo hubieran dicho sin ser verdad, no estaría de más observar con cuidado de allí en adelante las palabras y actos del otro para obrar según lo que se viera. Al comprender los demás animales que ambos sospechaban empezaron a decirles sin rebozo alguno que si el otro recelaba era por temor de que se hubiera descubierto la mala voluntad que tenía en el fondo de su corazón. La zorra y el carnero, atendiendo, como malos consejeros, a su conveniencia, y olvidando la lealtad que debían a sus señores, los engañaron, en vez de decirles la verdad, y se esforzaron tanto que la amistad que unía al león y el toro se tornó en aversión. Viendo esto los demás animales apretaron más a los dos caudillos hasta que los hicieron entrar en lid, y, dándoles a entender que sólo pensaban en su conveniencia, buscaban la propia, haciendo que el daño cayera siempre sobre los dos. Al final, aunque el león le hizo al toro más daño que éste a él y disminuyó mucho su prestigio y poder, no pudo evitar que el suyo también se enflaqueciera, de modo que nunca volvió a dominar a los demás animales de su especie ni de otra alguna ni a apoderarse de ellos como antes. Así, por no haber comprendido el toro ni el león que por la alianza que tenían y ayuda que se daban eran respetados y dominaban a los demás brutos y por no haber sabido mantener la amistad, que tan útil les era, y cerrar los oídos a los malos consejos de los interesados en enflaquecerlos para sacudir su yugo, quedaron tan débiles que, en vez de dominar a los otros, eran sojuzgados por los que acostumbraban a gobernar.

Vos, señor conde Lucanor, tened cuidado que estos que os hacen sospechar de vuestro antiguo amigo no lleven el mismo fin que los consejeros del león y el toro. Por eso creo que si vuestro amigo es hombre leal y hallasteis en él siempre buenas obras y os fiáis de él como de un buen hijo o un buen hermano, no debéis oír nada de lo que os digan en su contra, antes os aconsejo que le informéis de ello, para que él a su vez os informe de lo que le digan en vuestra contra. Haced un escarmiento con los que urden tales falsedades para que nunca nadie se atreva a volverlo a hacer. Pero si el amigo no fuera así, sino de esos amigos casuales o que se tienen por necesidad o sólo por un tiempo, procurad no decirle ni hacerle nada porque pueda entender que sospecháis de él ni que estáis dispuesto a desfavorecerle, mas disimulad sus yerros, que no podrá haceros inesperadamente y sin que lo veáis venir de lejos un daño tan grande como el que recibiréis si os desavenís por prestar oído a malos consejeros, y dadle a entender al tal amigo que tanto como vos necesitáis su ayuda necesita él la vuestra; así, haciéndole favores y mostrándole siempre buena cara, no recelando sin motivo, no creyendo nunca a los cizañeros y convenciéndole de que a los dos os conviene ayudaros, durará la amistad y evitaréis ambos el error en que cayeron el león y el toro.

Al conde gustó mucho el consejo que Patronio le dio, lo puso en práctica y le fue muy bien. Viendo don Juan que este cuento era bueno, lo hizo poner en este libro y escribió unos versos que dicen así:

No pierdas un amigo provechoso
por lo que de él te diga un mentiroso.

LO QUE HACEN LAS HORMIGAS
PARA MANTENERSE

Otra vez hablaba el conde Lucanor con Patronio, su consejero, de este modo:

—Patronio, gracias a Dios soy lo bastante rico. Algunos me aconsejan que, pues puedo hacerlo, no debo preocuparme más que de comer, beber, descansar y holgar, ya que tengo lo necesario para los años que aún me queden de vida y para dejar una cuantiosa herencia a mis hijos. Por vuestro buen entendimiento os ruego que me aconsejéis lo que os parezca que debo hacer.

—Señor conde Lucanor —respondió Patronio—, aunque el descansar y holgar no sea malo, para que hagáis, en esto como en todo, lo más provechoso, me gustaría que supierais lo que hace la hormiga para mantenerse.

El conde le preguntó qué era lo que hacía. Y Patronio le dijo:

—Señor conde Lucanor, ya veis qué pequeña es la hormiga y que aunque, según su tamaño, no parece tendría que hacer grandes aprovisionamientos para alimentarse, cada año sale, al tiempo de la siega, de su hormiguero, y va a las eras a traer a su casa todo el grano que puede. En cuanto llueve sacan este grano; las gentes dicen que para enjugarlo, sin saber lo que dicen, ya que no es así, pues bien sabéis vos que cuando las hormigas sacan el grano es porque ha empezado a llover y comienza el invierno. Trabajo tendrían si cada vez que llueve hubieran de sacar el grano para enjugarlo, fuera de que no habría sol para ello, pues en el invierno no es el sol tan frecuente que se pueda secar una cosa siempre que se quiera. La verdad es que lo sacan sólo la primera vez que llueve porque meten en su casa todo el grano que pueden almacenar, procurando que sea mucho y pensando en asegurar su vida ese año; pero en cuanto viene la lluvia se moja el grano y, como es natural, empieza a germinar; viendo que si germina en el hormiguero taponará sus entradas y sus salidas y que, en vez de servir para alimentarlas, será ocasión de su muerte y ruina, sacan los granos y comen su corazón, que es de donde brotan las raíces y el tallo, dejando sólo lo de fuera, que, por más que llueva, ya no germina, con lo que se alimentan el resto del año. También veis que, aunque tengan todo el grano que necesitan, en cuanto hace buen tiempo no dejan de llevar al hormiguero cuantas hierbezuelas encuentran, temiendo que no les alcance lo almacenado. Es decir, que nunca están ociosas ni pierden el tiempo que Dios nos da para que se aproveche.

Vos, señor conde, con el ejemplo de la hormiga, que siendo tan pequeña da tales muestras de inteligencia y laboriosidad, debéis persuadiros de que no es conveniente para nadie, pero, sobre todo, para los que ocupan altas dignidades y han de gobernar a muchos, el comer siempre de lo ya ganado, pues por dinero que se tenga, si de él se saca cada día y nunca se repone se terminará, y además produce la impresión que ello se hace por falta de bríos. Por eso os aconsejo que si queréis comer o descansar lo hagáis sin olvidar vuestra dignidad y mirando al mañana, para estar seguro de que nunca habrá de faltaros, que si mucho tenéis y queréis ser bueno no os faltará en qué emplear el dinero a mayor honra vuestra.

Al conde agradó mucho este consejo que Patronio le dio, obró según él y no se arrepintió. Como a don Juan gustó mucho este cuento lo hizo poner en este libro y escribió unos versos que dicen así:

No comas siempre de lo ganado,
vive de modo que mueras honrado.

CUENTO XXIV

LO QUE SUCEDIO A UN REY QUE QUISO
PROBAR A SUS TRES HIJOS

Un día hablaba el conde Lucanor con Patronio, su consejero, y le dijo así:

—Patronio, en mi casa se crían muchos mancebos, hijos de grandes señores, y otros, hijos de simples caballeros, en los cuales descubro cualidades muy singulares y variadas. Por vuestro buen entendimiento os ruego me digáis de qué manera podré saber cuáles de estos mancebos llegarán a ser hombres de provecho.

—Señor conde —respondió Patronio—, eso es muy difícil de saber con certeza, pues no se puede conocer con seguridad nada del futuro, y lo que preguntáis atañe al futuro. Sólo sabemos lo que se deduce de lo que se ve en los mozos por dentro y por fuera. Así vemos por fuera que las facciones, la apostura, el color, la forma del cuerpo y de todos los miembros reflejan la constitución de los órganos más importantes, como el corazón, el cerebro y el hígado. Pero aunque estas señales son elocuentes, nada se sabe con certeza, pues pocas veces las señales concuerdan, sino que unas señalan una cosa y otras lo contrario; aunque generalmente las obras corresponden a lo que anuncian. Los indicios más ciertos nos los da la cara y, sobre todo, los ojos, y también la apostura, que pocas veces nos engañan. Y no creáis que por apostura se entiende ser hermoso, pues hay muchos hombres que son hermosos y carecen de apostura varonil, y otros que son feos y tienen mucho garbo y mucha gallardía. La forma del cuerpo y de los miembros nos revela la complexión; de ella deducimos si el hombre será valiente o ligero. Pero aunque esto se vea desde fuera, no se ve cómo serán las obras. Por eso digo que éstas son señales, lo que quiere decir que nos dan indicios, pero no nos dan seguridad, ya que la señal indica lo probable, pero no lo que forzosamente haya de pasar. Estas son las señales que se ven por fuera y que, vuelvo a repetir, son siempre dudosas. Para que podáis conocer el carácter de los mozos por las de dentro, que son un poco más seguras, me gustaría que supierais cómo probó un rey moro a sus tres hijos para ver cuál de ellos debía sucederle.

El conde le rogó que se lo contara.

—Señor conde Lucanor —dijo Patronio—, había una vez un rey moro que tenía tres hijos; como entre los moros sucede al padre el hijo que él designa, cuando el rey llegó a la vejez los hombres más ilustres del país le pidieron que señalara cuál de aquellos hijos quería que reinara después de él. El rey respondió que lo diría al cabo de un mes. A los ocho o diez días le dijo una tarde al hijo mayor que a la mañana siguiente, muy temprano, quería salir con él a caballo. Efectivamente, el infante vino en busca del rey, pero no tan temprano como le había dicho. Su padre, al verle, le dijo que mandara traer su ropa, que quería vestirse. El infante le dijo al camarero que trajera la ropa; éste le preguntó qué ropa quería. El infante fue a preguntárselo al rey, que respondió que quería la aljuba,[1] lo que fue a decir al camarero, que preguntó qué almejía[2] quería el rey. El infante volvió a preguntarlo. Esto sucedió con cada una de las prendas, yendo y viniendo el infante del rey al camarero, hasta que todo estuvo listo y, venido éste, vistió y calzó al rey.

Cuando el rey estuvo vestido y calzado, mandó al infante que hiciera traer su caballo. El infante lo dijo al caballerizo, que preguntó que cuál quería el rey. El infante entonces lo fue a preguntar a su padre y lo mismo hizo con la silla, el freno, la espada y las espuelas; es decir, con todo lo nece-

1 Vestidura morisca consistente en un capote con mangas cortas y estrechas.
2 Manto pequeño de tejido basto que utilizaban los moros.

sario para cabalgar. Ya listo todo, le dijo el rey al infante que no podía salir de paseo, pero que fuera él por la ciudad y se fijara en todo lo que viera para contárselo. Cabalgó el infante, escoltado por los hombres más ilustres que había en la corte y acompañado de muchas trompetas, tambores y otros instrumentos. De este modo anduvo un rato por la ciudad. Cuando volvió, el rey le preguntó qué le parecía lo que había visto. Dijo que muy bien, pero que el ruido de los instrumentos le era muy molesto.

A los pocos días le mandó el rey al hijo segundo que viniese a él por la mañana. Así lo hizo el infante. El rey le sometió a las mismas pruebas que al hermano mayor. El infante dijo, como el otro, que la ciudad le parecía muy bien.

No pasaron muchos días sin que el padre invitara al hijo menor a salir con él muy temprano. El infante se levantó antes de que el rey se despertara, esperó a que lo hiciera, y entonces entró en su cámara a saludarle con la humildad y respeto que le debía. El rey le pidió hiciese traer su ropa. El hijo menor le preguntó qué quería vestir y calzar, y de una sola vez fue por ello y lo trajo, sin permitir que nadie más que él vistiera y calzara a su padre, dándole a entender que se alegraba mucho de servirle, que, por ser su hijo, era muy natural que lo hiciera. Cuando el rey estuvo vestido y calzado, le dijo que mandara traer el caballo. El le preguntó qué caballo quería y con qué silla y freno, y con cuál espada, y de quién quería ir acompañado, y no olvidó nada de lo que hacía falta preguntar. Echo esto, lo trajo todo y lo ordenó como su padre le había mandado. Entonces le dijo el rey que ya no quería cabalgar, mas que fuera él y le contara todo lo que viera. El infante cabalgó, acompañado por los cortesanos, como lo habían hecho los otros dos hijos. Nadie, sin embargo, sabía cuál era la intención del rey.

Cuando el infante salió de palacio mandó que le enseñaran el interior de la ciudad, las calles y el lugar donde su padre tenía su tesoro; preguntó cuáles eran las cosas más notables de ella y cuántos moradores y mezquitas tenía: después salió al campo, mandó reunir todos los hombres de armas de a pie y de a caballo que su padre tenía y les ordenó que hiciesen simulacros de batallas y otros juegos de armas. También vio los muros, torres y castillos de la ciudad. Cuando hubo visto todas estas cosas volvió a palacio.

Al llegar el infante era ya muy tarde. El rey le preguntó por lo que había visto. El infante le contestó que, si no le molestaba, le diría la verdad. El padre le mandó que se la dijera, so pena de su bendición. El infante le dijo que, aunque siempre le creyó buen rey, se había convencido de que no lo era tanto, pues teniendo tanta y tan buena gente y tanto poder y tanto dinero no se explicaba que todo el mundo no fuera ya suyo. Al rey le agradó mucho la franqueza de su tercer hijo, de modo que cuando llegó el momento de nombrar sucesor dijo que nombraba al más pequeño. Hizo esto llevado por las señales que vio en cada uno. Aunque hubiera preferido que le sucediera uno de los otros, creyó más prudente designar a éste.

Vos, señor conde Lucanor, si queréis saber qué mancebo será hombre de más provecho, fijaos en estas cosas y de ellas podréis deducir algo y de lo que cada uno dará de sí.

Al conde gustó mucho lo que Patronio le contó. Como a don Juan le pareció este cuento muy bueno, lo hizo escribir en este libro e hizo unos versos que dicen así:

Por sus dichos y hechos puedes conocer
lo que el mancebo llegará a ser.

CUENTO XXV

LO QUE SUCEDIO AL CONDE DE PROVENZA, QUE FUE LIBRADO DE PRISION POR EL CONSEJO QUE LE DIO SALADINO

EL conde Lucanor hablaba una vez con Patronio, su consejero, de este modo:

—Patronio, un vasallo mío me dijo el otro día que quería casar a una parienta suya, y que así como él estaba obligado a aconsejarme lo mejor que pudiera, esperaba de mí que le aconsejara en este asunto lo más conveniente. Díjome también quiénes eran los que a su parienta pedían por mujer. Como me gustaría que este hombre acertara, y me consta que vos sabéis mucho de estas cosas, os ruego que me digáis lo que a vos os parece, de modo que yo pueda darle un consejo que le sea útil.

—Señor conde Lucanor —dijo Patronio—, para que podáis aconsejar bien a todo el que tenga que casar a una doncella, me gustaría mucho que supierais lo que sucedió al conde de Provenza con Saladino.

El conde le rogó que se lo contara.

—Señor conde Lucanor —dijo Patronio—, había en Provenza un conde que era muy bueno y que deseaba ardientemente hacer algo por salvar su alma y ganar la vida eterna con hazañas que ilustraran su nombre y patria. Para ello reunió un gran ejército y, bien pertrechado de lo necesario, lo llevó a Tierra Santa, pensando que pasara lo que pasara podría tenerse por dichoso, pues le vendría en servicio de Dios. Como los juicios de Dios son inescrutables y Nuestro Señor quiere muchas veces probar a sus elegidos, que, si saben sufrir la prueba con paciencia, ven que todo, al final, redunda en bien de ellos, quiso Dios poner a prueba al conde de Provenza y permitió que cayera preso de Saladino, que reinaba entonces por aquellas tierras.

Saladino, conociendo las buenas cualidades del conde, le hacía mucha honra y trataba muy bien y, aunque le tenía cautivo, se aconsejaba de él en todos los asuntos importantes. Tan bien le aconsejaba el conde y tanto se fiaba de él el sultán que, estando prisionero, tenía la misma influencia y el mismo poder en todas las tierras que regía Saladino como hubiera tenido libre en la propia.

Cuando el conde salió de Provenza dejó una hija muy pequeñita. Tanto tiempo estuvo cautivo que su hija llegó a la edad de casarse. La condesa, su mujer, y los demás parientes le escribieron diciéndole cuántos hijos de reyes y de grandes señores la pedían por mujer. Un día, cuando vino el sultán a hablar con el conde, éste, después de haberle aconsejado en los asuntos que le consultó, le dijo así:

—Señor, vos me hacéis tanto favor y honra y os fiáis tanto de mí, que yo me tendría por afortunado si os pudiera retribuir con algún servicio. Y pues vos, señor, pedís mi consejo para resolver vuestros asuntos, contando yo con vuestra benevolencia y confiado en vuestro buen entendimiento, os pido, por favor, que me aconsejéis en un asunto que ahora me preocupa.

El sultán agradeció al conde sus palabras y le dijo que le aconsejaría de muy buena gana y aun que le ayudaría, si fuera necesario. Entonces le habló el conde de los pretendientes que pedían a su hija y le rogó tuviera la bondad de aconsejar cuál debía elegir. Respondió Saladino:

—Conde, yo sé que sois tan inteligente que, con pocas palabras que os diga, comprenderéis lo que quiero decir. Yo debo sólo aconsejaros en la medida en que pueda hacerlo. Como no conozco a los que quieren casarse con vuestra hija, ni sé de qué familia son, ni qué poder tienen, ni cuáles son las cualidades de cada uno de ellos, ni a qué distancia están sus tierras de las vuestras, ni en qué exceden los unos a los otros, me limitaré a deciros que caséis a vuestra hija con un hombre.

El conde se lo agradeció mucho, comprendiendo muy bien lo que quería decir. Contestó entonces el conde a su mujer y a sus demás parientes, contándoles el consejo que el sultán le había dado, y pidiéndoles que averiguaran, y que le enviaran razón por escrito, de las costumbres y cualidades de cuantos caballeros había en su tierra, sin fijarse en poder ni riquezas, así como de las de los hijos de los reyes y grandes señores que querían casarse con su hija. La condesa y los demás parientes se asombraron mucho, pero hicieron lo que les mandaba, y pusieron por escrito las cualidades, buenas o malas, y demás circunstancias de los pretendientes de la doncella, así como de cuantos caballeros había en la región.

Cuando el conde recibió el escrito lo mostró al sultán; al verlo Saladino, aunque en general, eran todos muy buenos, encontró en los hijos de los reyes y grandes señores algunas tachas: unos eran borrachos, otros glotones, otros irascibles, otros huraños, otros soberbios, otros inclinados a malas compañías, otros tartamudos, otros tenían algún otro defecto. Halló, al lado de esto, que el hijo de un rico hombre, no muy poderoso, era, según los informes que al conde mandaban, el más cumplido y mejor caballero de que él en su vida hubiera oído hablar; en vista de lo cual aconsejó al conde que casara a su hija con aquel caballero, diciéndole que, aunque los otros fueran de familias más ilustres, mejor estaría casada con éste que con ninguno de los que tenían una o varias tachas, pues el hombre era más de estimar por sus obras que por sus riquezas o por su linaje.

El conde mandó decir a la condesa y a los demás parientes que casaran a su hija con el que Saladino había aconsejado. Aunque mucho se extrañaron, enviaron llamar al hijo de aquel rico hombre y le comunicaron lo que decía el conde. Les respondió que muy bien sabía que el conde era más rico y más noble que su padre, pero que estaba persuadido de que si él tuviera el mismo poder aquella doncella se podría tener por bien casada uniéndose a él; por lo cual creía que si lo decían por burla era hacerle un gran desaire y buscar su deshonra sin motivo alguno. Ellos replicaron que pensaban hacerlo fuera como fuera y le refirieron cómo Saladino había aconsejado al conde que le diera su hija antes que a ninguno de los hijos de reyes o grandes señores, y que le había elegido por ser más hombre.

Cuando esto oyó comprendió que era en serio y pensó que, pues, el sultán le había escogido por ser más hombre y le había procurado tanta honra, no lo sería él si no hiciera lo que debía. Por eso contestó a la condesa y a los demás parientes que si querían que él creyese que era ello verdad le entregaran de inmediato el gobierno del condado y sus rentas, sin decirles nada, sin embargo, de lo que tenía proyectado. A ellos agradó este requerimiento y se lo entregaron, según pedía. El tomó una gran cantidad de dinero, armó, en secreto, muchas galeras, se guardó una suma muy crecida y fijó el día del casamiento.

Celebradas las bodas con mucho esplendor, al llegar la noche, cuando fue a la habitación donde su mujer le estaba esperando, antes de consumar el matrimonio llamó a la condesa y a los demás parientes y les dijo, en secreto, que bien sabían ellos que el conde le había elegido, entre otros mejores, porque Saladino le había aconsejado que casara a su hija con un hombre, y que, pues el sultán y el conde le habían hecho tanta honra y le habían escogido por esta razón, estaba persuadido de que no sería un hombre si no hiciera aquello a que estaba obligado, por lo cual dejaba en sus manos aquella doncella con quien él había de casar y el condado, y se iba, esperando que Dios le guiaría para hacer lo debido, con lo que todo el mundo podría ver que realmente era un hombre. Dicho esto, montó a caballo y emprendió su camino. Se dirigió primero al reino de Armenia. Vivió allí el tiempo necesario para aprender la lengua y las costumbres del país. Entonces se enteró de que el sultán era muy cazador. En vista de ello reunió muchas y buenas aves de cetrería y muchos y buenos perros y se fue para él, dividiendo sus barcos y mandando uno a cada puerto, con orden de no abandonarlo hasta que él lo mandase.

Cuando llegó al sultán fue muy bien recibido; pero no le besó la mano ni le hizo homenaje, como suele hacerse a los que recibimos por señor. Saladino mandó que le dieran lo que necesitara; pero él, agradeciéndoselo mucho, no quiso tomar nada, y le dijo que no había venido en busca de ayuda, sino atraído por su mucha fama; que, si él quisiera, le gustaría poder pasar algún tiempo en su corte para aprender lo mucho bueno que en él y su gente había que imitar; y que, como sabía que era muy aficionado a la caza, le había traído muchas buenas aves y buenos perros, por lo cual le agradecería mucho que escogiera los que quisiera, que con los restantes le acompañaría él a cazar y le serviría en aquel ejercicio o en cualquier otro. Mucho le agradeció todo esto Saladino, quien cogió lo que le pareció de lo que se le ofrecía; pero no pudo lograr que el otro recibiera ningún regalo ni le contara nada de su vida ni se uniera a él por vínculo alguno de los que obligan a la lealtad.

Como Dios Nuestro Señor ordena las cosas al fin que quiere, hizo que, yendo juntos a caza, los halcones salieran tras unas grullas, a las que alcanzaron encima de un puerto, donde estaba una de las galeras que el yerno del conde había repartido. El sultán, que iba en un buen caballo, y su compañero se alejaron tanto de las demás gentes que los perdieron de vista. Cuando Saladino llegó adonde estaban los halcones y la grulla, bajó a ayudarlos; el yerno del conde, que venía con él, al verle en el suelo llamó a los del barco.

El sultán, que solo se ocupaba en cebar los halcones, cuando se vio rodeado por las gentes de la galera quedó asombrado. El yerno del conde sacó la espada y se fue contra él. Al verle Saladino comenzó a acusarle de traición. El yerno del conde le respondió que no permitiera Dios que él fuera traidor, mas que recordara que nunca le quiso tomar por señor, ni aceptarle ningún regalo, ni recibir nada que luego lo obligase a guardarle lealtad, y que no se quejara, pues él mismo era autor de todo aquello. Dicho esto, le cogió y metió en la galera. Cuando le tuvo dentro, le dijo que era el yerno del conde, el mismo que él había elegido, entre otros mejores, por ser más hombre, y que, pues le había escogido por esta razón, no hubiera cumplido con su deber si no hubiera hecho esto. Por lo cual le rogaba que pusiera en libertad a su suegro para que éste viera cuán bien le había ido con el consejo que le había dado.

Cuando Saladino oyó esto alabó a Dios y se alegró más de haber acertado con su consejo que si hubiera aumentado su poder, por mucho que fuese. Por lo cual dijo al yerno del conde que lo libertaría de muy buena gana. El yerno del conde, confiando en su palabra, le dejó salir de la galera y se fue con él, mandando a los del barco que se alejaran del puerto tanto que no les pudieran ver los que a él llegaran. Saladino y el yerno del conde cebaron muy bien sus halcones. Cuando llegaron al sultán sus gentes le hallaron muy alegre, aunque no dijo a ninguno nada de lo que le había sucedido. Al llegar a la ciudad fue a apearse a la casa donde tenía al conde prisionero, llevando consigo a su joven yerno; al verle, le dijo:

—Conde, mucho agradezco a Dios el haberme hecho acertar cuando os aconsejé en el casamiento de vuestra hija. Aquí tenéis a vuestro yerno, que os ha sacado de prisión.

Entonces le contó lo que había hecho su yerno, elogiando mucho el esfuerzo y prudencia que había mostrado para apoderarse de él y su nobleza al fiarse de su palabra. El conde y todos los que lo supieron loaron también mucho lo que había hecho el yerno, y alabaron a Dios, que había dispuesto que todo terminara tan felizmente. Entonces hizo el sultán muchos y muy ricos regalos al conde y a su yerno. Y para compensar al primero de las fatigas del cautiverio, le dio el doble de lo que sumaban las rentas de su condado en todo ese tiempo y le envió a su tierra muy alegre y rico. Todo lo cual fue consecuencia del consejo que le había dado de que casara a su hija con un hombre.

Vos, señor conde Lucanor, pues habéis de aconsejar a ese vasallo vuestro sobre el casamiento de su parienta, aconsejadle que mire mucho si la persona con quien la casa vale por sus méritos, que si no valiera, por más noble o rico que sea, no estará bien casada. Porque el hombre que vale ilustra su linaje, aumenta su fama y acrecienta sus bienes, y el que no vale está expuesto a perderlos. Muchos ejemplos os podría traer de hombres a quienes sus padres dejaron muy ricos y considerados y que, por no ser ellos como debían, perdieron sus bienes y el respeto de todos; por el contrario, muchos otros hombres, unos muy ilustres por sus pasados, otros de más modestos orígenes, aumentaron tanto por su esfuerzo y valía su hacienda y su fama, que fueron más considerados por lo que hicieron que por lo que ganaron todos sus mayores. Estemos, por tanto, persuadidos de que todas las ventajas e inconvenientes con que se tropieza nacen de las cualidades que cada uno tiene, cualquiera que sea su clase u origen. Por eso, lo primero a que hay que atender en los casamientos es a las costumbres, a la inteligencia, a la educación y a la conducta de los contrayentes, y mirado esto, cuanto más ilustre sea el linaje, mayor la riqueza, más hermoso el físico y más estrecha la relación entre ambas familias, mejor será el casamiento; pero nunca debemos sacrificar lo secundario a lo importante.

Al conde agradaron mucho los razonamientos de Patronio y se convenció de ello. Viendo don Juan que este cuento era bueno, lo hizo poner en este libro y escribió unos versos que dicen así:

Verá la que se casa con un hombre
aumentar sus riquezas y buen nombre.

LO QUE SUCEDIO AL ARBOL DE LA MENTIRA

Un día, hablando el conde Lucanor con Patronio, su consejero, le dijo así:

—Patronio, sabed que estoy muy disgustado y a punto de pelearme con unas personas que no se portan bien conmigo, y que son tan embusteros y falsos que nunca dicen palabra de verdad a mí ni a ningún otro con quien traten. Sus mentiras, que siempre tienen color de verdad, les son muy beneficiosas y me causan mucho daño, porque al mismo tiempo que sirven para aumentar su poder, mueven a muchas gentes en mi contra. Estoy convencido de que, si yo quisiera obrar de ese modo, sabría mentir tan bien como ellos; pero como sé que la mentira es mala, no he querido hacerlo. Por vuestro buen entendimiento os ruego me digáis de qué manera debo portarme con esos granujas.

—Señor conde Lucanor —respondió Patronio—, para que podáis hacer lo mejor y lo más conveniente deberíais saber lo que les sucedió a la Verdad y a la Mentira.

El conde le rogó que se lo refiriera.

—Señor conde Lucanor —dijo Patronio—, la Mentira y la Verdad se juntaron una vez, y cuando habían pasado ya un tiempo juntas, la Mentira, que es muy inquieta, dijo a la Verdad que deberían plantar un árbol para poder gozar de sus frutos y sentarse a su sombra cuando hiciera calor. La Verdad, como la cosa era fácil y grata, aprobó el proyecto.

Cuando el árbol estuvo plantado y empezó a brotar, la Mentira dijo a la Verdad que lo mejor sería repartirlo. A la Verdad le pareció muy bien. La Mentira, demostrando con diversos sofismas que como la raíz del árbol conserva la vida es su parte mejor, aconsejó a la Verdad que eligiera las raíces, que están bajo tierra; ella correría el riesgo de quedarse con las ramas, que aún habían de salir, y que por estar encima de la tierra podían ser arrancadas o cortadas por los hombres, o roídas por los animales, o estropeadas por los pájaros, o quemadas por el sol, o heladas por el frío, peligros de los cuales quedaban libres las raíces. Al oír la Verdad todas estas razones, como es muy crédula y confiada y no tiene malicia, les dio entero crédito y se persuadió de que era cierto lo que le decía la Mentira y que le aconsejaba que se quedara con la mejor parte; por eso tomó para sí la raíz y se quedó satisfecha. La Mentira se puso muy contenta al ver el engaño de que había hecho víctima a su compañera, diciéndole unas mentiras tan bien fundadas y con tanta apariencia de verdad.

Convenido el reparto, la Verdad se metió donde están las raíces, que había elegido, y la Mentira se quedó sobre el haz de la tierra, junto con los hombres. El árbol empezó a crecer y a echar grandes ramas y hojas muy anchas, que daban mucha sombra y flores muy hermosas, de color vivo y grato a la vista. Cuando las gentes vieron aquel árbol tan hermoso fueron a gozar de su sombra y sus flores, de tan bello color; la mayoría de ellas se sentían atraídas hasta tal punto que ya no querían moverse de allí; incluso los que estaban en otros sitios se decían unos a otros que si querían descanso y alegría se fueran a poner a la sombra del árbol de la Mentira. Esta, que es muy lisonjera y que sabe mucho, les hacía pasar muy buenos ratos a los que se juntaban allí y les enseñaba lo que sabía. A las gentes les gustaba mucho aprender aquel arte. De este modo se atrajo a la mayoría de las personas, pues a los unos enseñaba mentiras sencillas, a los más ingeniosos mentiras dobles y a los sabios mentiras triples.

Debéis saber que mentira sencilla es cuando uno le dice a otro: "Don Fulano, yo haré tal cosa por vos", sin pensar hacerla. Mentira doble es cuando un hombre presta juramento, entrega rehenes, autoriza a otro a pactar por él, y mientras da tales seguridades piensa la manera de no cumplir lo que promete. La mentira triple, muy eficaz y de la que nos libramos muy difícilmente, es la del que miente con la verdad.

Sabía la Mentira tanto de esto y sabía enseñarlo tan bien a los que se juntaban a la sombra del árbol que, habiéndolo aprendido, lograban los hombres la mayoría de las cosas que deseaban y no encontraban a nadie que lo ignorara a quien no sometiesen a su voluntad, en parte atrayéndolos con la hermosura del árbol y en parte por medio del arte que les había enseñado la Mentira. Con esto la Mentira era muy considerada por todas las gentes, que se disputaban sus favores; de tal manera que el que lograba menos amistad y sabía menos de su arte era menos estimado, e incluso él mismo se tenía en poco.

Gozando la Mentira de tanta popularidad, la triste y desgraciada de la Verdad estaba bajo tierra, sin que nadie supiera de ella ni se preocupara de irla a buscar. Viendo que no le quedaba para mantenerse más que las raíces del árbol que había elegido por consejo de la Mentira, se puso a roerlas y a alimentarse de ellas. Aunque el árbol tenía fuertes ramas y anchas hojas, que daban mucha sombra y multitud de flores de hermoso color, antes de que pudiera dar fruto sus raíces fueron comidas por la Verdad. Cuando todas hubieron desaparecido, estando la Mentira a la sombra del árbol con las gentes que aprendían su arte, vino un viento y sopló con tal fuerza que, como el árbol no tenía raíces, cayó sobre la Mentira, a la que lesionó gravemente, dejando a sus discípulos muertos o malheridos. Entonces, por el hueco que ocupaba el tronco, salió la Verdad, que estaba escondida, y al llegar a la superficie vio que la Mentira y todos los que a ella se habían juntado estaban maltrechos y arrepentidos de haber aprendido y haber puesto en práctica lo que la Mentira les había enseñado.

Vos, señor conde Lucanor, fijaos en que la Mentira tiene hermosas ramas y en que sus flores, que son sus dichos, sus pensamientos y sus lisonjas, aunque muy agradables, son como humo y no llegan nunca a dar buenos frutos. Por eso, aunque vuestros contrarios se valgan de mentiras y engaños, evitadlos vos y no queráis emularlos en ello ni les envidiéis la prosperidad que por tales medios alcancen, pues podéis estar seguro de que habrá de durarles muy poco y de que, como los embusteros no pueden tener buen fin, caerán cuando se consideren más seguros, como cayó el árbol de la Mentira sobre los que a su sombra estaban tan a gusto. Aunque la Verdad sea menospreciada, abrazaos a ella y estimadla en mucho, pues con ella viviréis feliz, acabaréis bien y ganaréis la gracia de Dios, que os hará próspero y respetado en este mundo y os dará en el otro la vida eterna.

Al conde agradó mucho este consejo que le dio Patronio, lo puso en práctica y le fue muy bien. Viendo don Juan que este cuento era bueno, lo hizo poner en este libro y escribió unos versos que dicen así:

Mal acabará el que suele mentir;
por eso debemos de la mentira huir.

Cuento XXVII

LO QUE SUCEDIO CON SUS MUJERES A UN EMPERADOR Y A ALVAR FAÑEZ MINAYA

Hablando un día el conde Lucanor con Patronio, su consejero, le dijo así:

—Patronio, tengo dos hermanos casados y cuya vida conyugal es la más diversa que cabe imaginar, pues el uno quiere tanto a su esposa que apenas logramos que se aparte de ella un solo día, y no hace más que lo que ella quiere y le consulta todo, mientras que nadie consigue que el otro vea a su mujer ni entre en la casa donde ella vive. Como no me gusta lo uno ni lo otro, os ruego que me aconsejéis lo que debo hacer para corregir estos dos extremos.

—Señor conde Lucanor —respondió Patronio—, por lo que veo, vuestros dos hermanos yerran igualmente, pues ni el uno debería tratar a su mujer con tanto cariño, ni el otro mostrarle tanto despego. Pero aunque los dos se hallen apartados del justo medio, lo probable es que ello dependa del carácter de sus mujeres. Para que veáis esto con más claridad, me gustaría contaros lo que sucedió al emperador Federico y a Alvar Fáñez Minaya.

El conde le rogó que se lo refiriera.

—Como son dos historias distintas —dijo Patronio— y no podría fundirlas en una, os contaré primero lo que sucedió al emperador y luego lo que pasó a don Alvar Fáñez.

El emperador Federico casó, como es natural, con una doncella de alto linaje; pero tuvo la mala suerte de no enterarse del genio que tenía hasta estar casados; aunque de soltera había sido muy buena, después de casada perdió los estribos y empezó a mostrar el carácter más malo, díscolo y rebelde que darse puede; de modo que si el emperador quería comer, ella decía que quería ayunar; si el emperador quería dormir, ella levantarse; si el emperador le tenía afecto a alguien, ella le cogía antipatía. ¿Qué más puedo decir? Todo lo que agradaba al emperador le enojaba a ella; todo lo que hacía el emperador, lo contrario hacía ella.

El emperador la soportó algún tiempo; pero convencido de que no se corregiría con amonestaciones suyas ni de nadie, ni con ruegos, amenazas o halagos, ni mucho menos con castigo alguno, y viendo los daños que para él y sus gentes podían derivarse de esta vida tan enojosa que llevaba a su lado, para la que ningún remedio veía, se fue al papa y le dijo lo que le pasaba y el peligro en que estaban él y su pueblo por el mal carácter de la emperatriz. Quería, si fuera posible, que se anulara su casamiento; al oír el emperador la respuesta del papa comprendió que en ley de Dios no podían separarse, aunque la verdad era que tampoco podían vivir juntos por el genio de la emperatriz, como bien sabía el papa.

Viendo éste que no había otro camino, le dijo al emperador que encomendaba el remedio a su inteligencia y que él no podía dar la penitencia antes del pecado. El emperador se despidió del papa y se fue a su casa, donde se esforzó por todos los medios, usando alternativamente el halago, la amenaza, el consejo y cuanto a él y a sus gentes pareció eficaz, para corregir a la emperatriz, sin que lograra nada, ya que su reacción a todo era mostrarse cada vez más áspera y desabrida.

Cuando el emperador vio que no había modo de enderezarla, le dijo un día que quería irse a cazar y que llevaría consigo un poco de la hierba con que se envenenan las flechas que se usan para los ciervos, dejando en casa lo demás que tenía; pero que tuviera cuidado de no poner por nada del mundo aquella hierba sobre sarna, ni en una postilla, ni en ninguna herida que sangrara, pues era tan fuerte que no había nadie a quien aquella hierba no matase. Tomó después otro ungüento muy bueno y muy eficaz y se untó con él, para que ella lo viera, aquellos sitios que no tenía sanos; todos los que allí estaban pudieron ver cómo en seguida quedaba curado. Le dijo entonces a la emperatriz, delante de otras muchas personas, que si le hacía falta se pusiera este ungüento. Tomó por fin la hierba que necesitaba para la caza y se fue a matar ciervos. Apenas se fue el emperador empezó ella a despotricar contra él de este modo:

—¡Mirad el falso de mi marido con lo que ahora sale! Como sabe que mi sarna no es igual que la suya, me viene a decir que me unte con el ungüento con que él se ha untado, con el que yo no puedo curarme; pero no quiere use ese otro ungüento con el que le consta que me curaría. Con él me he de untar, aunque sólo sea por fastidiarle, y que cuando vuelva me encuentre sana. Estoy segura de que con nada rabiaría más; por eso lo haré.

Los caballeros y las damas que le acompañaban le rogaron muy encarecidamente que no lo hiciera, diciéndole con

lágrimas en los ojos que estuviera segura que con esa hierba
moriría en seguida; pero ella por nada lo quiso dejar, sino
que cogió la hierba y se untó la sarna. Al poco rato le so-
brevinieron angustias de muerte, de modo que se arrepintió
de lo que había hecho, aunque el arrepentimiento ya no le
valía. Murió, pues, víctima de su carácter díscolo y rebelde.

A don Alvar Fáñez le sucedió todo lo contrario. Este ca-
ballero, que era persona muy buena y honrada, fundó el
pueblo de Iscar, en el que vivía. El conde don Pedro Ansú-
rez, que tenía tres hijas, vivía en Cuéllar, que también había
fundado y que estaba muy cerca. Un día, sin haber anuncia-
do su visita, entró don Alvar Fáñez en casa del conde, que se
alegró mucho y le invitó a comer. Cuando hubieron comido
preguntó a Alvar Fáñez que a qué debía el placer de una vi-
sita tan inesperada. Respondió Alvar Fáñez que venía a pe-
dirle la mano de una de sus hijas, pero que quería ver a las
tres y hablar con ellas para elegir la que más le gustara. El
conde, viendo que Dios le favorecía con este casamiento,
dijo que tendría mucho gusto en que así lo hiciera.

Don Alvar Fáñez se apartó con la hija mayor y le dijo
que, si ella accedía, le gustaría tomarla por mujer, pero que,
antes de pasar adelante, le quería decir varias cosas que de-
bía saber. Lo primero, que él ya no era joven, y que por las
muchas heridas que había recibido en las batallas en que
había estado, tenía la cabeza tan débil que con muy poco
vino que bebiese salía de sí y se enfadaba tanto que no sabía
lo que decía, e incluso a veces había agredido a algunas
personas con tanta furia que al volver en sí se había arre-
pentido. Lo segundo, que cuando dormía se hacía en la cama
sus necesidades, como los niños. Y de estas cosas le dijo
tantas que ninguna mujer de entendimiento no muy maduro
se podría avenir a casarse con él. Cuando oyó esto la hija del
conde le respondió que el casamiento no dependía de ella,
sino de sus padres. Con lo que dejó a don Alvar Fáñez y se
fue a sus padres, que le preguntaron qué decidía. Como no

era muy inteligente, contestó a sus padres que prefería la muerte a casarse con don Alvar Fáñez. El conde no quiso decírselo a éste con tanta crudeza, sino que le dijo que su hija no tenía por entonces deseos de casarse.

Después de esto habló don Alvar Fáñez con la hija mediana, con la que le pasó lo mismo que con la mayor. Y después habló con la tercera, a la que dijo las mismas razones que a las otras dos. Le respondió ella que agradecía a Dios el que la quisiera tomar por mujer. En lo que decía que le hacía daño el vino, le prometía que si por esta flaqueza o por cualquier otra le convenía alguna vez apartarse de la gente, ella lo encubriría; a lo que decía que ya era viejo, le contestaba que por esto no iba a renunciar al honor y a la felicidad de ser su mujer; en cuanto a lo de enfadarse mucho y agredir a las gentes, le pedía que no se preocupara, porque ella nunca le daría motivo para que le pegase, y si lo hacía, lo llevaría con mucha paciencia. A todas las cosas que le dijo don Alvar Fáñez supo responder tan bien que él se alegró mucho y dio gracias a Dios por haber encontrado una mujer tan inteligente. Le dijo entonces al conde que quería casarse con la más pequeña, de lo que el padre se alegró mucho. Pronto se celebraron las bodas y don Alvar Fáñez se llevó a su mujer, que se llamaba doña Vascuñana.

Ya en su casa, ella se mostró tan buena esposa y tan inteligente, que don Alvar Fáñez se tuvo por bien casado y ordenó que se hiciera siempre lo que ella mandara. Esto lo dispuso por dos razones. La primera, porque Dios la había hecho tan buena, amaba tanto a su marido y tenía en tanto su buen criterio que estaba convencida de que lo que éste dijera o hiciera sería siempre lo más acertado; tan bien le parecía lo que su marido decía o hacía que nunca en su vida le contrarió; y no creáis que hacía esto por halago o lisonja, sino porque verdaderamente estaba persuadida de que don Alvar Fáñez no podía errar ni sus decisiones podían mejorarse. La otra razón por la que dispuso don Alvar Fáñez se la obedeciera fue porque era mujer de tanto entendimiento y tanta rectitud que en todo acertaba, por lo cual su marido solía pedirle que le aconsejara, lo que siempre redundaba en su mayor honra y provecho. Nunca aconsejó ella a su marido sino lo más propio de un caballero tan noble y valiente.

Sucedió que una vez, estando en su casa don Alvar Fáñez, vino a verle un sobrino suyo que vivía en palacio, con lo que tuvo una gran alegría. Cuando había pasado con don Alvar Fáñez algunos días, le dijo el sobrino que le admiraba mucho por sus buenas cualidades, pero que le hallaba un defecto. Preguntóle el tío que cuál era éste. Respondióle el sobrino que su defecto era dejarse influir demasiado por su mujer, hasta el punto de haberle entregado el gobierno de su casa y hacienda. Don Alvar Fáñez le dijo que en pocos días respondería a esto.

Sin volver a ver a su mujer después de esta conversación, montó a caballo y se fue con su sobrino a otro lugar, en el que pasó varios días, al cabo de los cuales envió por doña Vascuñana, a la que salieron a recibir los dos en el camino, sin que mientras venían tuviera el matrimonio ocasión de hablar a solas. Don Alvar Fáñez se adelantó con su sobrino a doña Vascuñana, que quedó detrás. Cuando hubieron andado un poco de este modo tío y sobrino vieron muchas vacas. Don Alvar Fáñez comenzó a decir:

—¿Habéis visto, sobrino, qué hermosas yeguas hay en esta tierra?

Al oír esto el sobrino se sorprendió mucho, pero pensó que sería una broma, y le preguntó que por qué lo decía, puesto que eran vacas. Entonces don Alvar Fáñez se asombró a su vez y empezó a decirle que si estaba loco, pues bien se veía que aquéllas eran yeguas. Viendo el sobrino que el tío porfiaba y que lo decía muy seriamente, se asustó mucho y creyó que efectivamente se había vuelto loco. Don Alvar Fáñez siguió discutiendo, hasta que llegó doña Vascuñana, al ver a la cual dijo a su sobrino:

—¡Ea!, sobrino, aquí tenemos a mi mujer, que dirimirá esta contienda.

Al sobrino le pareció esto muy bien, y cuando su tía se acercó le dijo:

—Señora, mi tío y yo estamos discutiendo, pues él dice que estas vacas son yeguas, y yo afirmo, por el contrario, que son vacas. Tanto hemos porfiado que él me tiene por loco, y yo creo que él no está en su sano juicio. Vos, señora, decid la verdad.

Al oír doña Vascuñana que el sobrino decía que don Alvar Fáñez creía que eran yeguas, aunque a ella también la parecieron vacas, pensó que don Alvar Fáñez no podía equivocarse, y que eran ellos los que sin duda se equivocaban. Por esto empezó a decir al sobrino y a los demás que estaban presentes:

—¡Por Dios, sobrino, no sabéis lo que siento lo que decís! ¡Parece mentira que hayáis venido de palacio, donde tanto tiempo habéis vivido, con tan poco juicio y tan mala vista que confundáis las yeguas con las vacas!

Y comenzó a demostrarle que por su forma, color y otras muchas cosas no podían ser sino yeguas, y que era verdad lo que decía su tío, cuyo buen entendimiento no podía errar. Tanto lo aseguró que ya el sobrino y los demás que estaban presentes comenzaron a dudar de sus propios ojos y a creer que don Alvar Fáñez decía la verdad y que las que a ellos les parecían vacas, eran yeguas. Después de lo cual se adelantaron otra vez el tío y el sobrino y vieron muchas yeguas, y dijo el tío:

—Sobrino, éstas sí que son vacas, y no las que vos decíais antes.

Cuando lo oyó el sobrino le dijo a su tío:

—¡Por Dios, tío, si decís verdad temo que sea el diablo quien me ha traído a esta tierra, pues, ciertamente, si éstas son vacas y no yeguas, es que yo he perdido el juicio!

Don Alvar Fáñez comenzó a porfiar que eran vacas. Duró

la porfía hasta que se les volvió a unir doña Vascuñana. Cuando ésta llegó y le dijeron lo que discutían, aunque le pareció que el sobrino estaba en lo cierto, como no podía persuadirse de que don Alvar Fáñez se equivocara ni mintiera, empezó a buscar razones en que apoyar la opinión del marido, y tantas razones y tan buenas dijo, que su sobrino y todos los demás volvieron a creer que se equivocaban y que don Alvar Fáñez tenía razón.

Siguieron adelante el tío y el sobrino, hasta que llegaron a un río en que había muchos molinos. Mientras los caballos bebían en el río empezó a decir don Alvar Fáñez que aquel río corría en dirección contraria a la verdadera y que el agua venía a los molinos por el otro lado. El sobrino se creyó loco cuando oyó esto, pues pensó que así como se había equivocado al confundir las vacas con las yeguas, se equivocaba ahora al creer que aquel río venía en dirección opuesta a la que decía don Alvar Fáñez. Discutieron de nuevo, hasta que llegó doña Vascuñana, que al enterarse de lo que afirmaba cada uno de ellos, aunque al principio le pareció que el sobrino decía la verdad, no se fió de su propio juicio y prefirió creer a su marido, por lo que empezó a defender la opinión de éste con tantas razones que el sobrino y los demás que le oían creyeron que efectivamente tenía razón. Desde aquel día quedó como proverbio que si el marido dice que el río corre hacia su nacimiento, la buena esposa debe creerlo y decir que es verdad.

Cuando vio el sobrino que doña Vascuñana probaba siempre que era verdad lo que decía su tío y que él se equivocaba por confundir unas cosas con otras, comenzó a tenerse mucha lástima, temiendo haber perdido el juicio. Habiendo recorrido de este modo un buen trecho y viendo don Alvar Fáñez a su sobrino triste y preocupado, le dijo así:

—Sobrino, ya os he respondido a lo que me dijisteis el otro día de que me criticaban por hacer tanto caso de mi mujer. Creedme si os digo que lo que ha pasado hoy lo he hecho para que veáis su modo de ser y que hago muy bien en consultarla y regirme por su buen juicio. Pues bien sabía yo que las primeras vacas que encontramos y que yo dije que eran yeguas, eran vacas, como vos decíais; seguro estoy de que cuando mi mujer os oyó decir que eran vacas, creyó al principio que teníais razón; pero como ella está persuadida de que yo no puedo equivocarme por nada del mundo, se convenció de que tanto ella como vos confundíais las vacas con las yeguas. Por eso defendió mi opinión con tantas razones que os hizo creer a vos y a los demás que la oían que lo que yo afirmaba era verdad; lo mismo sucedió con las yeguas y al llegar al río. Os aseguro que desde el día de mi boda no la vi nunca deleitarse más que en lo que sabía que a mí me gustaba, ni decir nada que me desagradara ni molestarse por ninguna cosa que yo hiciese; está persuadida de que lo que yo haga siempre es lo mejor; desempeña muy bien sus obligaciones y acostumbra a hacer lo que yo le encargo, dándome muestras de la mayor consideración y procurando que todo el mundo vea que yo soy el señor y que en todo se cumple mi voluntad; no aspira a otra fama ni a otro galardón sino a que se sepa que a mí me conviene y me agrada todo lo que hace. Creo que si un moro de Africa hiciera esto por mí le debía yo amar y estimar en mucho; cuanto más a la mujer con quien estoy casado, que tiene tales cualidades y es de tal linaje que puedo considerarme muy bien casado. Ahora, sobrino, os he respondido al reproche que me hicisteis el otro día.

Al sobrino le agradaron mucho estas razones, comprendiendo que doña Vascuñana tenía tan clara inteligencia y tan buena voluntad que don Alvar Fáñez hacía muy bien en quererla mucho, en fiarse de ella y en hacer por ella todo lo que hacía y aún más, si lo hiciera. Muy distintas fueron las mujeres del emperador y de don Alvar Fáñez. Señor conde Lucanor, si vuestros hermanos son tan contrarios que el uno hace todo lo que quiere su mujer y el otro al revés, ello se debe probablemente a que sus mujeres son tan distintas como la emperatriz y doña Vascuñana. Si son así, no debéis sorprenderos ni culpar a vuestros hermanos; pero si la una no fuera tan buena ni la otra tan mala como las dos de que os he hablado, vuestros hermanos no estarán sin culpa, porque aunque aquel de los dos que quiere mucho a su mujer hace bien en quererla, este cariño no debe salir de sus justos límites. Quiero decir que es muy censurable el que un hombre ame tanto a su mujer que por no separarse de ella deje de ir a los sitios o a los asuntos que le convengan. Fuera de esto, el marido no debe escatimar a su mujer las muestras de cariño ni de confianza. También debe esforzarse por evitarle disgustos o contrariedades en cosas que para él sean de poca importancia, y mucho más si el disgusto nace de algún pecado que cometa el marido; de esto se derivan infinitos males, pues además de la maldad y pecado que el hombre comete, por desenojarla habrá de hacer cosas perjudiciales a su hacienda y fama. Pero al que por su mala suerte tenga una mujer como la emperatriz y no hubiera sabido o podido, desde el principio, poner remedio, no le queda otra cosa que soportar su desgracia hasta que Dios quiera. Tened presente que para lograr lo uno y evitar lo otro es muy conveniente que desde el primer día de matrimonio le haga el marido ver a su mujer que él es el señor y le indique cómo han de vivir. Me parece que con estas indicaciones ya podréis vos aconsejar a vuestros hermanos de qué manera hayan de portarse con sus mujeres.

Al conde agradó mucho lo que dijo Patronio, pues le pareció que todo era verdad y estaba puesto muy en razón. Como don Juan vio que estas dos historias eran muy buenas, las mandó escribir en este libro e hizo unos versos que dicen así:

*Desde el comienzo debe el hombre decir
a la mujer cómo han de vivir.*

LO QUE SUCEDIO A DON LORENZO SUAREZ
GALLINATO EN GRANADA

El conde Lucanor hablaba un día con Patronio, su consejero, de este modo:

—Patronio, un hombre ha venido a pedirme amparo, y aunque sé que es buena persona, me dicen que ha hecho un desaguisado. Por vuestro buen entendimiento os ruego que me aconsejéis lo que deba hacer.

—Señor conde Lucanor —respondió Patronio—, para que hagáis lo que me parece que os conviene más me gustaría mucho que supierais lo que sucedió a don Lorenzo Suárez Gallinato.

El conde le preguntó qué le había sucedido.

—Señor conde Lucanor —dijo Patronio—, don Lorenzo Suárez pasó bastante tiempo con el rey de Granada, desnaturalizado del de Castilla. Después que por la misericordia de Dios volvió a la gracia de San Fernando, le preguntó éste un día si, después de haber ofendido tanto a Dios ayudando a los moros contra los cristianos, esperaba que al morirse tuviera el Señor compasión de él y le perdonara. Don Lorenzo Suárez le respondió que ningún motivo tenía él para confiar en la misericordia de Dios, fuera de haber matado a un sacerdote. El rey se extrañó tanto de esta respuesta que le pidió una explicación. Don Lorenzo le contó que en el tiempo que pasó con el rey de Granada se fiaba el moro tanto de él que le tenía encargada la custodia de su persona. Yendo, pues, un día con el rey cabalgando por la ciudad, oyó a unos hombres que daban voces, y, como él tenía la responsabilidad de la custodia del rey, espoleó el caballo y se acercó al lugar donde éstas se oían, en el que halló a un clérigo. Este clérigo, que había apostatado, les dijo un día a los moros que si ellos querían y les apetecía

109

les pondría en las manos el Dios en que los cristianos creían y al que tenían por Dios verdadero. Entonces el malvado clérigo mandó hacer un altar y las vestiduras necesarias para decir misa, celebró y consagró y dio la hostia a los moros, que estaban arrastrándola por el suelo con mucha mofa.

Cuando la vio don Lorenzo Suárez se acordó de que, aunque vivía con los moros, era cristiano, y creyendo verdaderamente ser aquél el cuerpo de Cristo y recordando que éste murió por redimir a los pecadores y que podría considerarse bienaventurado el que muriera por vengar aquella ofensa que a Dios se hacía, lleno de cólera se lanzó contra el traidor y renegado clérigo y le cortó la cabeza. Hecho esto, descendió del caballo, se arrodilló y adoró el cuerpo de Jesucristo, que arrastraban los moros. En cuanto hincó las rodillas, la hostia, que estaba un poco lejos, saltó del lodo y vino a caer en la falda de don Lorenzo. Los moros se indignaron al ver todo esto y, echando mano a las espadas los que las tenían, y los que no con palos y piedras, se vinieron hacia don Lorenzo para matarle. El sacó la espada con que había descabezado al mal clérigo y empezó a defenderse. Oyendo el rey el ruido que hacían y viendo que querían matar a don Lorenzo, prohibió que nadie se le acercara y preguntó qué había sucedido. Los moros, que estaban muy enfadados y embravecidos, se lo dijeron. El rey se enojó también y preguntó a don Lorenzo muy airadamente por qué había actuado sin orden suya. Don Lorenzo Suárez le replicó que bien sabía que él era cristiano, a pesar de lo cual le había confiado la custodia de su persona, por creerle hombre muy leal y que no dejaría por miedo a la muerte de cumplir su deber; si tanto confiaba en su lealtad hacia él, que era moro, no debía extrañarse de lo que hiciera como cristiano por guardar el cuerpo de Dios, que es Rey de reyes y Señor de señores. Si por lo que había hecho le mandaba matar se tendría por dichoso. Al oír esto el rey se alegró de lo que hizo don Lorenzo por lealtad a su Dios y le estimó y quiso mucho más de allí en adelante.

Vos, señor conde Lucanor, si sabéis que ese hombre que busca vuestro amparo es buena persona y os podéis fiar de él, no le debéis rechazar porque os digan que ha hecho sin razón algún desaguisado, porque quizá las gentes crean que fue hecho sin razón lo que no vieron si la tuvo. Recordad que San Fernando creyó que don Lorenzo Suárez Gallinato había hecho mal en matar a un clérigo, hasta que supo lo sucedido y vio que había sido una acción muy loable. Pero si estáis seguro de que lo que hizo estuvo mal hecho, haréis muy bien al rechazarle de vuestra compañía.

Al conde agradó mucho lo que le contó Patronio, puso en práctica su consejo y le salió muy bien. Viendo don Juan que este cuento era bueno, lo hizo poner en este libro y escribió unos versos que dicen así:

Cosas que parecen hechas sin razón,
se ve de cerca que buenas son.

CUENTO XXIX

LO QUE SUCEDIO A UNA ZORRA QUE SE TENDIO EN LA CALLE Y SE HIZO LA MUERTA

Otro día, hablando el conde Lucanor con Patronio, su consejero, le dijo así:

—Patronio, un pariente mío no tiene el poder suficiente para evitar que en la comarca donde vive le hagan muchos atropellos. A los poderosos de esa región les gustaría que hiciese alguna cosa que les sirviera de pretexto para ir contra él. Dice mi pariente que le es muy penoso soportar lo que le hacen y que quiere aventurar lo suyo antes de seguir viviendo de este modo. Como quiero que acierte, os ruego me digáis que debo aconsejarle.

—Señor conde Lucanor —respondió Patronio—, para que podáis aconsejarle me gustaría que supierais lo que sucedió una vez a una zorra que se hizo la muerta.

El conde le pidió que se lo contara.

—Señor conde Lucanor —dijo Patronio—, una zorra entró una noche en un corral donde había gallinas, y se cebó tanto en ellas que cuando creyó que se podría ir se encontró con que ya era de día y las gentes andaban por la calle. Cuando vio que no podía escapar salió ocultamente del corral a la calle y se tendió como si hubiera muerto. Al verla, las gentes la tomaron por muerta y no se le acercó nadie, hasta que pasó por allí un hombre que dijo que los pelos de la frente de la zorra, puestos en la frente de los pequeños, impiden que les hagan mal de ojo. Dicho esto, le cortó a la zorra con unas tijeras los pelos de la frente. Después pasó otro y dijo lo mismo de los pelos del lomo; otro, que lo dijo de los de la ijada, y otros, que lo dijeron de los de otras partes. De modo que acabaron por trasquilarla. La zorra, a todo esto, no se movió, porque creía que el perder el pelo no era un daño muy grande. Después vino otro, que dijo que la uña del pulgar de la zorra era muy buena para los panadizos, y se la sacó, sin que ella se moviera. Al rato llegó otro, que dijo que el colmillo de la zorra era bueno para el dolor de muelas, y se lo sacó, sin que tampoco ella se moviera. Al cabo de un rato llegó otro, que dijo que el corazón de la zorra era bueno para el dolor del corazón, y cogió un cuchillo para sacárselo. La zorra vio que si le sacaban el corazón no era ésta una cosa que, como el pelo, volviera a crecer, sino que forzosamente moriría. Por lo cual, decidida a aventurarlo todo antes que perderse, se esforzó por escapar y consiguió hacerlo.

Vos, señor conde Lucanor, aconsejad a vuestro pariente que, si Dios le hizo vivir en una comarca donde no puede evitar el ser atropellado ni puede vengar como debería las ofensas que recibe, soporte aquello y éstas con paciencia, dando a entender que no le importan, mientras fueren tales que puedan disimularse sin grave quebranto, ya que, cuando uno no se tiene por ofendido y no se avergüenza, se puede ir tirando; pero cuando uno se da por ofendido o se tiene públicamente por perjudicado se hace necesaria la venganza. Por eso es mejor disimular todo lo que se pueda; pero si la cosa llegara a ser ofensa grave o perjuicio grande, entonces debe aventurarlo todo y no disimular, pues es mejor perder lo de uno y morir defendiendo el derecho o la honra antes que vivir aguantando ofensas y atropellos.

El conde tuvo éste por muy buen consejo. Don Juan mandó escribir en este libro el cuento e hizo unos versos que dicen así:

Disimula todo aquello que pudieres;
véngale sólo de lo que forzosamente debieres.

Cuento XXX

LO QUE SUCEDIO AL REY ABENABET DE SEVILLA CON SU MUJER ROMAIQUIA

Una vez habló el conde Lucanor con Patronio, su consejero, de este modo:

—Patronio, hay un hombre que continuamente me está rogando que le ayude y que le favorezca con algún dinero. Aunque cada vez que lo hago me dice que me lo agradece, cuando me vuelve a pedir, si no le doy más, me da la impresión de que olvida todo lo que anteriormente le he dado. Por vuestro buen entendimiento os ruego que me aconsejéis el modo de portarme con él.

—Señor conde Lucanor —respondió Patronio—, me

parece que os está pasando con ese hombre lo que sucedió al rey Abenabet de Sevilla con su mujer Romaiquía.

El conde le preguntó que le había sucedido.

—Señor conde Lucanor —dijo Patronio—, el rey Abenabet estaba casado con Romaiquía y amábala más que a nadie en el mundo. Ella fue muy buena, hasta el punto de que sus dichos y hechos se refieren aún entre los moros; pero tenía el defecto de ser muy caprichosa y antojadiza. Sucedió que una vez, estando en Córdoba, en el mes de febrero, empezó a caer nieve. Cuando Romaiquía vio la nieve comenzó a llorar. Preguntóle el rey por qué lloraba. Ella respondió que porque nunca la llevaba a sitios en que nevara. Como Córdoba es tierra cálida, donde solo nieva muy de tarde en tarde, el rey entonces, por agradarla, mandó plantar almendros por toda la sierra para que, cuando al florecer por el mes de febrero parecieran cubiertos de nieve, satisfaciera ella su deseo de ver la nieve.

Otra vez, estando en su cámara, que daba al río, vio la reina a una mujer del pueblo que, descalza, pisaba lodo para hacer adobes. Cuando la vio Romaiquía se puso a llorar. Le preguntó el rey por qué lloraba. Contestó ella que porque nunca podía hacer lo que quería, aunque fuera una cosa tan inocente como la que estaba haciendo aquella mujer. El rey entonces, por complacerla, mandó llenar de agua de rosas el estanque grande que hay en Córdoba, y en vez de lodo hizo echar en él azúcar, canela, espliego, clavo, hierbas olorosas, ámbar, algalia y todas las demás especies y perfumes que pudo encontrar, y poner en él un pajonal de cañas de azúcar. Cuando el estanque estuvo lleno de estas cosas, con las que se hizo el lodo que podéis imaginar, llamó a Romaiquía y le dijo que se descalzase y pisara aquel lodo e hiciera con él cuantos adobes quisiera.

Otro día, comenzó a llorar por otra cosa que se le antojó. Le preguntó el rey por qué lloraba. Le respondió que cómo no iba a llorar si nunca él hacía nada por tenerla contenta. El rey, viendo que había hecho tanto por darle gusto y satisfacer sus caprichos y que ya no podía hacer más, le dijo en árabe: *Wa la nahar attin?*, lo que quiere decir: *¿Ni siquiera el día del lodo?*, como dándole a entender que, pues olvidaba las otras cosas, no debía olvidarse del lodo que mandó hacer por agradarla.

Vos, señor conde Lucanor, si veis que, aunque hagáis mucho por ese hombre, si no hacéis todo lo que él os pide, luego se olvida y no agradece lo que hayáis hecho, no hagáis por él nada que os perjudique; también os aconsejo que si alguno os favorece en algo, aunque no haga todo lo que vos querríais, no os mostréis con él desagradecido al bien que os hiciere.

El conde tuvo este consejo por bueno, lo puso en práctica y le fue muy bien. Viendo don Juan que esta historia era buena, la hizo poner en este libro y escribió unos versos que dicen así:

A quien no te agradezca lo que has hecho
no sacrifiques nunca tu provecho.

CUENTO XXXI

LA SENTENCIA QUE DIO UN CARDENAL A LOS CANONIGOS DE PARIS Y A LOS FRANCISCANOS

Otro día, hablando el conde Lucanor con Patronio, su consejero, le dijo lo siguiente:

—Patronio, un amigo mío y yo queremos hacer algo que nos conviene mucho a los dos; yo podría hacerlo en este momento, pero no me atrevo por no estar él. Por el buen entendimiento que Dios os dio os ruego que me aconsejéis sobre esto.

—Señor conde Lucanor —respondió Patronio—, para

115

que hagáis lo que más os conviene, me gustaría que supierais lo que sucedió a los canónigos de París y a los franciscanos.

El conde le pidió que se lo contara.

—Señor conde Lucanor —comenzó Patronio—, los canónigos decían que puesto que la catedral es lo más importante, ellos debían tocar las horas antes que nadie; los frailes alegaban tener que estudiar y levantarse a cantar maitines y que perdían horas de trabajo si se retrasaban; además que, por ser exentos, no tenían obligación de esperar a nadie.

El pleito duró mucho y costó mucho dinero por ambas partes. Al fin, un papa nuevo encargó de él a un cardenal y le mandó que lo sentenciara sin más tardanza. El cardenal hizo que le trajeran el proceso, que era tan grande que sólo su volumen espantaba. Cuando el cardenal tuvo delante todos los autos, les señaló día para que vinieran a oír la sentencia. Al llegar el día, el cardenal hizo quemar delante de los interesados todos los papeles y les dijo así:

—Amigos, este pleito ha durado ya mucho y habéis gastado en él mucho dinero; por lo cual yo no lo prolongo más y doy por sentencia que el que se despierte antes toque antes.

A vos, señor conde, si la cosa es conveniente para los dos y la podéis hacer, os aconsejo que la hagáis y no perdáis tiempo, pues muchas veces se pierden las cosas por aplazarlas, y después, cuando uno querría hacerlas, ya no se puede.

Al conde le pareció éste un buen consejo, y lo hizo así y le salió muy bien. Viendo don Juan que este cuento era bueno, lo hizo poner en este libro y escribió unos versos que dicen así:

> *Si algo que te conviene puedes hacer,*
> no hagas con dilaciones que se pueda perder.

LO QUE SUCEDIO A UN REY CON LOS PICAROS QUE HICIERON LA TELA

Una vez el conde Lucanor le dijo a Patronio, su consejero:

—Patronio, un hombre me ha venido a proponer una cosa muy importante y dice que me conviene mucho, pero me pide que no lo diga a ninguna persona por confianza que me inspire, y me encarece tanto el secreto que me asegura que si lo digo toda mi hacienda y hasta mi vida correrán peligro. Como sé que nadie os podrá decir nada sin que os deis cuenta si es verdad o no, os ruego me digáis lo que os parece esto.

—Señor conde Lucanor —respondió Patronio—, para que veáis lo que, según mi parecer, os conviene más, me gustaría que supierais lo que sucedió a un rey con tres granujas que fueron a estafarle.

El conde le preguntó qué le había pasado.

—Señor conde Lucanor —dijo Patronio—, tres pícaros fueron a un rey y le dijeron que sabían hacer telas muy hermosas y que especialmente hacían una tela que sólo podía ser vista por el que fuera hijo del padre que le atribuían, pero que no podía verla el que no lo fuera. Al rey agradó esto mucho, esperando que por tal medio podría saber quiénes eran hijos de los que aparecían como sus padres y quiénes no, y de este modo aumentar sus bienes, ya que los moros no heredan si no son verdaderamente hijos de sus padres; a los que no tienen hijos los hereda el rey. Este les dio un salón para hacer la tela.

Ellos le dijeron que para que se viera que no había engaño, podía encerrarlos en aquel salón hasta que la tela estuviese acabada. Esto también agradó mucho al rey, que los encerró en el salón, habiéndoles antes dado todo el oro, plata, seda y dinero que necesitaban para hacer la tela.

Ellos pusieron su taller y hacían como si se pasaran el tiempo tejiendo. A los pocos días fue uno de ellos a decir al rey que ya habían empezado la tela y que estaba saliendo hermosísima; le dijo también con qué labores y dibujos la fabricaban, y le pidió que la fuera a ver, rogándole, sin embargo, que fuese solo. Al rey le pareció muy bien todo ello.

Queriendo hacer antes la prueba con otro, mandó el rey a uno de sus servidores para que la viese, pero sin pedirle le dijera luego la verdad. Cuando el servidor habló con los pícaros y oyó contar el misterio que tenía la tela, no se atrevió a decirle al rey que no la había visto. Después mandó el rey a otro, que también aseguró haber visto la tela. Habiendo oído decir a todos los que había enviado que la habían visto, fue el rey a verla. Cuando entró en el salón vio que los tres pícaros se movían como si tejieran y que le decían: "Ved esta labor. Mirad esta historia. Observad el dibujo y la variedad que hay en los colores." Aunque todos estaban de acuerdo en lo que decían, la verdad es que no tejían nada. Al no ver el rey nada y oír, sin embargo, describir una tela que otros habían visto, se tuvo por muerto, porque creyó que esto le pasaba por no ser hijo del rey, su padre, y temió que, si lo decía, perdería el reino. Por lo cual empezó a alabar la tela y se fijó muy bien en las descripciones de los tejedores. Cuando volvió a su cámara refirió a sus cortesanos lo buena y hermosa que era aquella tela y aun les pintó su dibujo y colores, ocultando así la sospecha que había concebido.

A los dos o tres días envió a un ministro a que viera la tela. Antes de que fuese el rey le contó las excelencias que la tela tenía. El ministro fue, pero cuando vio a los pícaros hacer que tejían y les oyó describir la tela y decir que el rey la había visto, pensó que él no la veía por no ser hijo de quien tenía por padre y que si los demás lo sabían quedaría deshonrado. Por eso empezó a alabar su trabajo tanto o más que el rey.

Al volver el ministro al rey, diciéndole que la había visto y haciéndole las mayores ponderaciones de la tela, se confirmó el rey en su desdicha, pensando que si su ministro la veía y él no, no podía dudar de que no era hijo del rey a quien había heredado. Entonces comenzó a ponderar aún más la calidad y excelencia de aquella tela y a alabar a los que tales cosas sabían hacer.

Al día siguiente envió el rey a otro ministro y sucedió lo mismo. ¿Qué más os diré? De esta manera y por el temor a la deshonra fueron engañados el rey y los demás habitantes de aquel país, sin que ninguno se atreviera a decir que no veía la tela. Así pasó la cosa hasta que llegó una de las mayores fiestas del año. Todos le dijeron al rey que debía ponerse aquella tela el día de la fiesta. Los pícaros le trajeron el paño envuelto en una sábana, dándole a entender que se lo entregaban, después de lo cual preguntaron al rey qué deseaba que se hiciese con él. El rey les dijo el traje que quería. Ellos le tomaron medidas e hicieron como si cortaran la tela, que después coserían.

Cuando llegó el día de la fiesta vinieron al rey con la tela cortada y cosida. Hiciéronle creer que le ponían el traje y que le alisaban los pliegues. De este modo el rey se persuadió de que estaba vestido, sin atreverse a decir que no veía la tela. Vestido de este modo, es decir, desnudo, montó a caballo para andar por la ciudad. Tuvo suerte de que fuera verano, con lo que no corrió riesgo de enfriarse. Todas las gentes que lo miraban y que sabían que el que no veía la tela era por no ser hijo de su padre, pensando que los otros sí la veían, se guardaban muy bien de decirlo por el temor de quedar deshonrados. Por esto todo el mundo ocultaba el que creía que era su secreto. Hasta que un negro, palafrenero del rey, que no tenía honra que conservar, se acercó y le dijo:

—Señor, a mí lo mismo me da que me tengáis por hijo del padre que creí ser tal o por hijo de otro; por eso os digo que yo soy ciego o vos vais desnudo.

El rey empezó a insultarle, diciéndole que por ser hijo de mala madre no veía la tela. Cuando lo dijo el negro, otro que lo oyó se atrevió a repetirlo, y así lo fueron diciendo, hasta que el rey y todos los demás perdieron el miedo a la verdad y entendieron la burla que se les había hecho. Fueron a buscar a los tres pícaros y no los hallaron, pues se habían ido con lo que le habían estafado al rey con de este engaño.

Vos, señor conde Lucanor, pues ese hombre os pide que ocultéis a vuestros más leales consejeros lo que él os dice, estad seguro de que os quiere engañar, pues debéis comprender que, si apenas os conoce, no tiene más motivos para desear vuestro provecho que los que con vos han vivido y han recibido muchos beneficios de vuestra mano por ello deben procurar vuestro bien y servicio.

El conde tuvo este consejo por bueno, obró según él y le fue muy bien. Viendo don Juan que este cuento era bueno, lo hizo poner en este libro y escribió unos versos que dicen así:

Al que te aconseja encubrirte de tus amigos
le es más grato el engaño que los higos.

Cuento XXXIII

LO QUE SUCEDIO A UN SACRE [1] DEL INFANTE DON MANUEL CON UN AGUILA Y UNA GARZA

Otro día hablaba el conde Lucanor con Patronio, su consejero, de este modo:

—Patronio, a mí me ha pasado estar muchas veces en guerra con otros y, cuando la guerra se había terminado, aconsejarme unos que descansara y viviera en paz y otros que empezara una nueva guerra contra los moros. Como sé que nadie me podrá aconsejar mejor que vos, os ruego me digáis que debo hacer en esa contingencia.

1 Especie de halcón parecido al gerifalte.

—Señor conde Lucanor —contestó Patronio—, para que en esto podáis hacer lo más acertado me gustaría que supierais lo que sucedió a un sacre del infante don Manuel con un águila y con una garza.

El conde le preguntó qué le había pasado.

—Señor conde Lucanor —dijo Patronio—, el infante don Manuel, cazando un día cerca de Escalona, lanzó un sacre contra una garza; subiendo el sacre detrás de la garza, se vino un águila contra él. El sacre, con miedo del águila, dejó la garza y empezó a huir; el águila, al ver que no podía alcanzar al sacre, se marchó. Cuando vio el sacre que se había ido el águila, volvió a la garza y procuró, con mucha habilidad, cogerla y matarla. Estando a punto de hacerlo, volvió a aparecer el águila, con lo que el sacre volvió a huir como la vez pasada; se fue otra vez el águila y volvió de nuevo el sacre a la garza; esto sucedió dos o tres veces, de modo que cada vez que el águila se iba volvía el sacre a perseguir a la garza, y cada vez que el sacre lo hacía aparecía el águila, dispuesto a matarlo. Cuando el sacre comprendió que el águila no le dejaría matar a la garza, la dejó y voló por encima del águila, a la que hirió tantas veces que la puso en fuga. Hecho esto, volvió a la garza, y, estando los dos muy remontados, vino otra vez el águila a atacarlo. Viendo el sacre que no le había servido lo hasta ahora hecho, volvió a volar sobre el águila y se dejó caer sobre ella con tanta fuerza que le rompió un ala. Al verla caer con el ala rota se volvió el sacre contra la garza y la mató en seguida. Así obró por estar persuadido de que no debía abandonar la caza si quedaba libre del águila, que se la estorbaba.

A vos, señor conde Lucanor, puesto que sabéis que vuestra honra y el mayor bien para el cuerpo y el alma no son otra cosa que el mayor servicio que se haga a Dios, y también sabéis que, según vuestro estado, en nada podéis servirle mejor que guerreando contra los moros en defensa de la santa y verdadera religión católica, os aconsejo una y otra vez que, desde el momento en que estéis a cubierto de otros ataques, combatáis a los moros. Tendréis con ello muchas ventajas: la primera, servir a Dios; la segunda, cumplir con vuestra profesión de caballero, no viviendo ociosamente como un parásito, lo que no le está bien a ningún gran señor, ya que los señores, cuando no se imponen una obligación, no estiman como deben a los demás ni hacen por ellos todo lo que están obligados y se dedican a cosas cuya evitación sería muy conveniente. La verdad es que ninguna de las ocupaciones que podéis tener es tan buena, honrada y provechosa para el cuerpo y el alma como la guerra contra los moros. Recordad el tercer cuento de este libro, el del salto que dio el rey Ricardo de Inglaterra y lo que ganó con haberlo dado. Pensad que habéis de morir, que habéis ofendido mucho a Dios y que Dios es muy justo y no podrá por menos de castigaros por vuestros pecados. Mirad si tendréis suerte alcanzando en un punto perdón de todos vuestros pecados, pues si morís en guerra contra moros estando confesado, seréis mártir e iréis al cielo, y, aunque no muráis en batalla, las buenas obras y el buen propósito os salvarán.

El conde tuvo este consejo por muy bueno y determinó ponerlo en práctica y pidió a Dios que le ayudara como él sabe hacerlo. Viendo don Juan que este cuento era bueno, lo hizo poner en este libro y escribió unos versos que dicen así:

Si Dios te da seguridad,
piensa en la muerte y la eternidad.

LO QUE SUCEDIO A UN CIEGO QUE CONDUCIA
A OTRO CIEGO

Una vez, hablando el conde Lucanor con Patronio, su consejero, le dijo así:

—Patronio, un pariente mío, de quien me fío mucho y del que estoy seguro que me quiere, me aconseja que vaya a un lugar al que temo yo ir. Me dice que no tenga miedo, que antes morirá él que permitir que a mí me pase nada. Os ruego que me aconsejéis lo que debo hacer.

—Señor conde Lucanor —respondió Patronio—, para daros consejo me gustaría que supierais lo que le pasó a un ciego con otro.

El conde le preguntó qué le había pasado.

—Señor conde —dijo Patronio—, un hombre que vivía en una ciudad perdió la vista y se quedó ciego y pobre. Otro ciego que también vivía en la misma ciudad vino a proponerle que se fueran los dos a otra ciudad cercana, en donde esperaba que, pidiendo por Dios, podrían sostenerse. Nuestro ciego le dijo que conocía el camino que allí llevaba y sabía que tenía pozos, barrancos y pasos muy dificultosos, por lo que temía mucho aquel viaje. El otro ciego le contestó que no temiera, que él le acompañaría y no pasaría nada. Tanto se lo dijo y tantas ventajas le aseguró que tendría en la otra ciudad que nuestro ciego le creyó y fue con él. Cuando llegaron a un sitio difícil cayó el ciego que guiaba al otro, que también se mató, perdido el compañero.

Vos, señor conde, si teméis con motivo y el peligro es real, no os metáis en él porque vuestro pariente os diga que antes morirá que recibáis vos daño, pues poco os aprovechará que él muera primero y vos recibáis el daño y muráis después.

El conde tuvo este consejo por bueno, lo puso en práctica y le fue muy bien. Viendo don Juan que este cuento era bueno, lo hizo poner en este libro y escribió unos versos que dicen así:

Huir del peligro es mayor seguridad
que la que ningún amigo te puede dar.

CUENTO XXXV

LO QUE SUCEDIO A UN MOZO QUE CASO CON UNA MUCHACHA DE MUY MAL CARACTER

Otro día, hablando el conde Lucanor con Patronio, su consejero, le dijo así:

—Patronio, uno de mis deudos me ha dicho que le están tratando de casar con una mujer muy rica y más noble que él, y que este casamiento le convendría mucho si no fuera porque le aseguran que es la mujer de peor carácter del mundo. Os ruego que me digáis si he de aconsejarle que se case con ella, conociendo su genio, o si habré de aconsejarle que no lo haga.

—Señor conde —respondió Patronio—, si él es capaz de hacer lo que hizo un mancebo moro, aconsejadle que se case con ella; si no lo es, no se lo aconsejéis.

El conde le rogó que le refiriera qué había hecho aquel moro.

Patronio le dijo que en un pueblo había un hombre honrado que tenía un hijo muy bueno, pero que no tenía dinero para vivir como él deseaba. Por ello andaba el mancebo muy preocupado, pues tenía el querer, pero no el poder.

En aquel mismo pueblo había otro vecino más importante y rico que su padre, que tenía una sola hija, que era muy contraria del mozo, pues todo lo que éste tenía de buen carácter, lo tenía ella de malo, por lo que nadie quería casarse con aquel demonio. Aquel mozo tan bueno vino un día a su padre y le dijo que bien sabía que él no era tan rico que pudiera dejarle con qué vivir decentemente, y que, pues tenía que pasar miserias o irse de allí, había pensado, con su beneplácito, buscarse algún partido con que poder salir de pobreza. El padre le respondió que le agradaría mucho que pudiera hallar algún partido que le conviniera. Entonces le dijo el mancebo que, si él quería, podría pedirle a aquel honrado vecino su hija. Cuando el padre lo oyó se asombró mucho y le preguntó que cómo se le había ocurrido una cosa así, que no había nadie que la conociera que, por pobre que fuese, se quisiera casar con ella. Le pidió el hijo, como un favor, que le arreglara aquel casamiento. Tanto le rogó que, aunque el padre lo encontraba muy raro, le dijo lo haría.

Fue enseguida a ver a su vecino, que era muy amigo suyo, y le dijo lo que el mancebo le había pedido, y le rogó que, pues se atrevía a casar con su hija, accediera a ello. Cuando el otro oyó la petición le contestó diciéndole:

—Por Dios, amigo, que si yo hiciera esto os haría a vos muy flaco servicio, pues vos tenéis un hijo muy bueno y yo cometería una maldad muy grande si permitiera su desgracia o su muerte, pues estoy seguro que si se casa con mi hija, ésta le matará o le hará pasar una vida mucho peor que la muerte. Y no creáis que os digo esto por desairaros, pues, si os empeñáis, yo tendré mucho gusto en darla a vuestro hijo o a cualquier otro que la saque de casa.

El padre del mancebo le dijo que le agradecía mucho lo que le decía y que, pues su hijo quería casarse con ella, le tomaba la palabra.

Se celebró la boda y llevaron a la novia a casa del marido. Los moros tienen la costumbre de prepararles la cena a los novios, ponerles la mesa y dejarlos solos en su casa hasta el día siguiente. Así lo hicieron, pero estaban los padres y parientes de los novios con mucho miedo, temiendo que al otro día le encontrarían a él muerto o malherido.

En cuanto se quedaron solos en su casa se sentaron a la

mesa, mas antes que ella abriera la boca miró el novio alrededor de sí, vio un perro y le dijo muy airadamente:

—¡Perro, danos agua a las manos!

El perro no lo hizo. El mancebo comenzó a enfadarse y a decirle aún con más enojo que les diese agua a las manos. El perro no lo hizo. Al ver el mancebo que no lo hacía, se levantó de la mesa muy enfadado, sacó la espada y se dirigió al perro. Cuando el perro le vio venir empezó a huir y el mozo a perseguirle, saltando ambos sobre los muebles y el fuego, hasta que lo alcanzó y le cortó la cabeza y las patas y lo hizo pedazos, ensangrentando toda la casa.

Muy enojado y lleno de sangre se volvió a sentar y miró alrededor. Vio entonces un gato, al cual le dijo que les diese agua a las manos. Como no lo hizo, volvió a decirle:

—¿Cómo, traidor, no has visto lo que hice con el perro porque no quiso obedecerme? Te aseguro que, si un poco o más conmigo porfías, lo mismo haré contigo que hice con el perro.

El gato no lo hizo, pues tiene tan poca costumbre de dar agua a las manos como el perro. Viendo que no lo hacía, se levantó el mancebo, lo cogió por las patas, dio con él en la pared y lo hizo pedazos con mucha más rabia que al perro. Muy indignado y con la faz torva se volvió a la mesa y miró a todas partes. La mujer, que le veía hacer esto, creía que estaba loco y no decía nada.

Cuando hubo mirado por todas partes vio un caballo que tenía en su casa, que era el único que poseía, y le dijo lleno de furor que les diese agua a las manos. El caballo no lo hizo. Al ver el mancebo que no lo hacía, le dijo al caballo:

—¿Cómo, don caballo? ¿Pensáis que porque no tengo otro caballo os dejaré hacer lo que queráis? Desengañaos, que si por vuestra mala ventura no hacéis lo que os mando, juro a Dios que os he de dar tan mala muerte como a los otros; y no hay en el mundo nadie que a mí me desobedezca con el que yo no haga otro tanto.

El caballo se quedó quieto. Cuando vio el mancebo que no le obedecía, se fue a él y le cortó la cabeza y lo hizo pedazos. Al ver la mujer que mataba el caballo, aunque no tenía otro, y que decía que lo mismo haría con todo el que le desobedeciera, comprendió que no era una broma y le entró tanto miedo que ya no sabía si estaba muerta o viva.

Bravo, furioso y ensangrentado se volvió el marido a la mesa, jurando que si hubiera en casa más caballos, hombres o mujeres que le desobedecieran, los mataría a todos. Se sentó y miró a todas partes, teniendo la espada llena de sangre entre las rodillas.

Cuando hubo mirado a un lado y a otro sin ver a ninguna otra criatura viviente, volvió los ojos muy airadamente hacia su mujer y le dijo con furia, espada en mano:

—Levántate y dame agua a las manos.

La mujer, que esperaba de un momento a otro ser despedazada, se levantó muy de prisa y le dio agua a las manos.

Le dijo el marido:

—¡Ah, cómo agradezco a Dios el que hayas hecho lo que te mandé! Si no, por el enojo que me han causado esos majaderos, hubiera hecho contigo lo mismo.

Después le mandó que le diese de comer. Hízolo la mujer. Cada vez que le mandaba una cosa, lo hacía con tanto enfado y tal tono de voz que ella creía que su cabeza rodaba por el suelo. Así pasaron la noche los dos, sin hablar la mujer, pero haciendo siempre lo que él mandaba. Se acostaron y, cuando ya habían dormido un rato, le dijo el mancebo:

—Con la ira que tengo no he podido dormir bien esta noche; ten cuidado de que no me despierte nadie mañana y de prepararme un buen desayuno.

A media mañana los padres y parientes de los dos fueron a la casa, y, al no oír a nadie, temieron que el novio estuviera muerto o herido. Viendo por entre las puertas a ella y no a él, se alarmaron más. Pero cuando la novia les vio a la puerta se les acercó silenciosamente y les dijo con mucho miedo:

—Pillos, granujas, ¿qué hacéis ahí? ¿Cómo os atrevéis a llegar a esta puerta ni a rechistar? Callad, que si no todos seremos muertos.

Cuando oyeron esto se llenaron de asombro. Al enterarse de cómo habían pasado la noche, estimaron en mucho al mancebo, que así había sabido desde el principio gobernar su casa. Desde aquel día en adelante fue la muchacha muy obediente y vivieron juntos en paz. A los pocos días el suegro quiso hacer lo mismo que el yerno y mató un gallo que no obedecía. Su mujer le dijo:

—La verdad, don Fulano, que te has acordado tarde, pues ya de nada te valdrá matar cien caballos; antes tendrías que haber empezado, que ahora te conozco.

Vos, señor conde, si ese deudo vuestro quiere casarse con esa mujer y es capaz de hacer lo que hizo este mancebo, aconsejadle que se case, que él sabrá cómo gobernar su casa; pero si no fuere capaz de hacerlo, dejadle que sufra su pobreza sin querer salir de ella. Y aun os aconsejo que a todos los que hubieren de tratar con vos les deis a entender desde el principio cómo han de portarse.

El conde tuvo este consejo por bueno, obró según él y le salió muy bien. Como don Juan vio que este cuento era bueno, lo hizo escribir en este libro y compuso unos versos que dicen así:

Si al principio no te muestras como eres,
no podrás hacerlo cuando tú quisieres.

LO QUE SUCEDIO A UN MERCADER QUE HALLO A SU MUJER Y A SU HIJO DURMIENDO JUNTOS

Un día hablaba el conde Lucanor con Patronio, su consejero, muy enfadado por una cosa que le habían dicho, que le había ofendido; le dijo a Patronio que quería tomar de ello tal venganza que la recordara la posteridad. Cuando su consejero le vio tan furioso y arrebatado, le dijo:

—Señor conde, me gustaría mucho que supierais lo que sucedió a un mercader que fue en una ocasión a pedir consejo.

El conde le preguntó qué le había sucedido.

—Señor conde —dijo Patronio—, en una ciudad moraba un gran sabio que no tenía otro medio de vida que dar consejos. El mercader de que os he hablado, que lo oyó decir, se fue un día a ver al sabio y le pidió un consejo. El sabio le preguntó de qué precio lo quería, pues según el precio sería el consejo. El mercader le respondió que quería un consejo que valiera un maravedí. Cogió el sabio el maravedí y dijo al mercader:

—Amigo, cuando estéis convidado y no sepáis cuántos platos hayan de servir, hartaos del primero.

El mercader dijo que no le había dado un consejo demasiado bueno. El sabio le replicó que por ese precio no podía esperarse cosa mayor. Le pidió el mercader que le diese un consejo que valiera una dobla. La tomó el sabio y le dijo que cuando estuviera muy enfadado y quisiera hacer alguna cosa arrebatadamente no se lamentara de la ofensa que le hubieran hecho ni hiciera nada hasta saber toda la verdad. El mercader pensó que comprando tales consejos podría perder cuantas doblas tenía, y no quiso ya más, pero guardó éste en lo más profundo de su corazón.

Sucedió que el mercader se fue navegando a una tierra

remota, dejando a su mujer embarazada. Se detuvo tanto en sus negocios por aquellas tierras que cuando volvió el hijo que le había nacido tenía veinte años. La madre, que no tenía otro hijo y que creía que su marido había muerto, le amaba mucho, y, por el gran cariño que a su padre tenía, le llamaba marido. Comía con él y dormía con él, como cuando tenía un año o dos, y pasaba su vida muy honestamente, aunque con el dolor de no saber nada de su marido.

Este, que había vendido todas sus mercaderías y que volvía cargado de riquezas, cuando llegó al puerto de la ciudad donde vivía no se dio a conocer, sino que se fue a su casa en secreto y se escondió en un lugar oculto para ver lo que en ella pasaba. Después del mediodía llegó su hijo, a quien dijo la madre:

—Dime, marido, ¿de dónde vienes?

El mercader, que oyó a su mujer llamar marido a aquel mancebo, se disgustó mucho, pues creyó que era un hombre con quien se había casado o con quien estaba amancebada. Esto último le pareció más verosímil, considerando lo joven que era. En aquel momento quiso matarlos, pero acordándose del consejo que le había costado una dobla, decidió esperar.

Al atardecer se sentaron a comer. Al verlos juntos en la mesa tuvo el mercader aún más deseos de salir a matarlos, pero por el consejo que había comprado no se arrebató. Mas cuando vino la noche y los vio acostarse en la misma cama, no pudo más y se dirigió a ellos. Yendo muy furioso, se acordó del consejo que le habían dado y se quedó quieto.

Antes de apagar la candela empezó la madre a decir al hijo con muchas lágrimas:

—¡Ay, marido e hijo! Me han dicho que ha llegado un barco de esas tierras adonde fue vuestro padre hace ya tantos años. Por amor de Dios, id a verlo mañana, que quizá querrá Dios que se sepa algo de él.

Al oír esto el mercader y recordar que había dejado a su mujer embarazada, comprendió que aquél era su hijo. No os sorprenderéis si os digo que se alegró mucho y que dio muchas gracias a Dios por no haber permitido que los matara, como quiso hacer, lo que hubiera sido un crimen horrendo. Por muy bien empleada tuvo la dobla que había dado por el consejo de no hacer nada arrebatadamente.

Vos, señor conde, aunque tengáis razón al no querer aguantar la injuria que os han hecho, tampoco debéis decidir nada sin estar seguro de que el hecho es cierto; por eso os aconsejo que hasta que os informéis no os dejéis llevar por la ira, sobre todo no siendo cosa que se pierda por esperar, ya que os podríais arrepentir muy pronto de cualquier acción precipitada.

El conde tuvo este por muy buen consejo, obró según él y le fue muy bien. Viendo don Juan que este cuento era bueno, lo hizo poner en este libro y escribió unos versos que dicen así:

De la resolución que airado tú tomares
te arrepentirás cuando bien te informares.

Cuento XXXVII

LA RESPUESTA QUE DIO EL CONDE FERNAN GONZALEZ A SUS GENTES DESPUES DE VENCER LA BATALLA DE HACINAS

Una vez venía el conde de la guerra muy cansado, pobre y maltrecho; antes de haber podido descansar le llegó la noticia de que comenzaba una nueva guerra. Los más allegados le aconsejaron que descansara un poco y que después hiciera lo que le pareciera más conveniente. El conde le pidió consejo a Patronio, quien le dijo:

—Señor, para que podáis hacer lo más conveniente, me

gustaría mucho que supierais lo que respondió una vez a sus vasallos el conde Fernán González.

El conde le preguntó qué les había dicho.

—Señor conde —contestó Patronio—, cuando el conde Fernán González venció en Hacinas al rey Almanzor, murieron en la batalla muchos de los suyos; él y la mayoría de los supervivientes quedaron muy mal heridos, antes de haberse curado se enteró el conde de que el rey de Navarra entraba por su tierra y mandó a los suyos que se prepararan para combatir a los navarros. Todos los suyos le dijeron que tenían muy cansados los caballos, que ellos también lo estaban y que, aunque por esto no lo aplazara, lo debía aplazar porque él y todos los demás estaban mal heridos, por lo cual convenía esperar hasta que se curaran.

Cuando el conde vio que tenían tan poquísimo ánimo, sintiendo más la vergüenza que el cansancio, les dijo a sus gentes:

—Amigos, por las heridas no lo dejemos, que las nuevas heridas que ahora nos darán nos harán olvidar las que recibimos en la otra batalla.

Al ver los suyos que no se dolía de su cuerpo por defender su condado y su honra, fueron tras él. Venció el conde y se cubrió de gloria.

Vos, señor conde Lucanor, si queréis defender vuestros señoríos, vuestra gente y vuestra honra, nunca sintáis el cansancio ni el peligro, mas obrad de manera que el trabajo presente os haga olvidar el trabajo pasado.

El conde tuvo este consejo por bueno, lo puso en práctica y le fue muy bien. Viendo don Juan que esta historia era muy buena, la hizo poner en este libro y escribió unos versos que dicen así:

La honra y el descanso no hacen juntos morada;
esto tened por cierto, que es verdad probada.

Cuento XXXVIII

LO QUE SUCEDIO A UN HOMBRE QUE IBA
CARGADO DE PIEDRAS PRECIOSAS
Y SE AHOGO EN UN RIO

Un día dijo el conde a Patronio que tenía muchas ganas de quedarse en un sitio en el que le habían de dar mucho dinero, lo que le suponía un beneficio grande, pero que tenía mucho miedo de que, si se quedaba, correría peligro su vida; por lo cual le rogaba que le aconsejara qué debía hacer.

—Señor conde —respondió Patronio—, para que hagáis lo que yo creo que os conviene más, me gustaría que supierais lo que sucedió a un hombre que llevaba encima grandes riquezas y cruzaba un río.

El conde le preguntó qué le había sucedido.

—Señor conde —dijo Patronio—, un hombre llevaba a cuestas una gran cantidad de piedras preciosas; tantas eran que pesaban mucho. Sucedió que tuvo que pasar un río y como llevaba una carga tan grande se hundía mucho más que si no la llevara; al llegar a la mitad del río se empezó a hundir más aún. Un hombre que estaba en la orilla le comenzó entonces a gritar que si no soltaba aquella carga se ahogaría. Aquel majadero no se dio cuenta de que, si se ahogaba, perdería las riquezas junto con la vida, y, si las soltaba, perdería las riquezas, pero no la vida. Por no perder las piedras preciosas que traía consigo no quiso soltarlas y murió en el río.

A vos, señor conde Lucanor, aunque no dudo que os vendría muy bien recibir el dinero y cualquier otra cosa que os quieran dar, os aconsejo que si hay peligro en quedaros allí no lo hagáis por afán de riquezas. También os aconsejo que nunca aventuréis vuestra vida sino en defensa de vuestra honra o por alguna cosa a que estéis obligado, pues el que poco se precia y arriesga su vida por codicia o frivolidad es

133

aquel que no aspira a hacer grandes cosas; por el contrario, el que se precia mucho ha de obrar de modo que le precien también los otros, ya que el hombre no es preciado porque él se precie, sino por hacer obras que le ganen la estimación de los demás. Convenceos de que el hombre que vale aprecia mucho su vida y no la arriesga por codicia o pequeña ocasión; pero en lo que verdaderamente debe aventurarse nadie la arriesgará de tan buena gana ni tan pronto como el que mucho vale y se precia mucho.

Al conde gustó mucho la moraleja, obró según ella y le fue muy bien. Viendo don Juan que este cuento era bueno, lo hizo poner en este libro y escribió unos versos que dicen así:

A quien por codicia la vida aventura,
las mas de las veces el bien poco dura.

CUENTO XXXIX

LO QUE SUCEDIO A UN HOMBRE CON
LAS GOLONDRINAS Y LOS GORRIONES

Otra vez hablaba el conde Lucanor con Patronio, su consejero, de este modo:

—Patronio, yo no hallo modo de evitar la guerra con uno de dos vecinos que tengo. Sucede que el más cercano no es tan poderoso como el otro. Os ruego que me aconsejéis lo que debo hacer.

—Señor conde —respondió Patronio—, para que veáis en este asunto lo que más os conviene deberíais saber lo que le sucedió a un hombre con el gorrión y la golondrina.

El conde le preguntó qué le había sucedido.

—Señor conde —dijo Patronio—, a un hombre que estaba muy débil molestaba mucho el ruido de los pájaros, que no le dejaban dormir tranquilo, por lo que rogó a un amigo que le aconsejara qué debía hacer para quedar libre de gorriones y golondrinas.

El amigo le dijo que de los dos no podía librarle, pero que sabía un encantamiento con el que se libertaría de uno de los dos: o del gorrión o de la golondrina. El otro le contestó que, aunque la golondrina grita más, como va y viene es más tolerable que el gorrión, que siempre está en casa.

Tomad ejemplo de ello, señor conde, y guerread con el más cercano de vuestros vecinos, aunque no sea el más poderoso.

El conde vio que este consejo era muy bueno, adaptó a él su conducta y le fue muy bien. Como a don Juan gustó el cuento mucho, lo hizo poner en este libro y escribió unos versos que dicen así:

Si guerra no pudieres dejar de tener,
ataca al más cercano, no al de mayor poder.

Cuento XL

POR QUE PERDIO SU ALMA
UN SENESCAL DE CARCASONA

Hablando una vez el conde Lucanor con Patronio, su consejero, y le dijo así:

—Patronio, como sé muy bien que la muerte es inevitable, querría que después de mi muerte quedase de mí una obra señalada, que me sirviera de descargo de mis pecados y ganara fama perdurable. Os ruego que me aconsejéis la manera de lograr esto.

—Señor conde —respondió Patronio—, aunque el bien obrar, de cualquier manera y con cualquier intención que se haga, siempre es buen obrar, para que sepáis cómo y con qué espíritu debe realizarse lo que se vaya a hacer por el alma, me gustaría mucho que supierais lo que sucedió a un senescal de Carcasona.

El conde le rogó que se lo contara.

—Señor conde —dijo Patronio—, un senescal de Carcasona se puso malo. Cuando vio que se moría mandó llamar al prior de los dominicos y al guardián de los franciscanos y dispuso con ellos lo que había de hacerse por su alma. Mandó que después de su muerte ellos mismos cumplieran todo aquello que dispusieron. Así se hizo. Como el senescal fue tan generoso con su alma y como todo se había hecho tan bien y tan pronto, estaban los frailes muy contentos y con buenas esperanzas de su salvación.

Sucedió que a los pocos días hubo en Carcasona una mujer endemoniada, que decía muchas cosas maravillosas, porque el demonio, que hablaba por su boca, sabe todo lo que se ha hecho y dicho. Cuando los frailes a quienes había dejado encomendada el senescal su alma se enteraron de lo que esta mujer decía, pensaron ir a verla y preguntarle si sabía algo de aquella alma. Así lo hicieron, pero en cuanto entraron en la casa donde estaba la endemoniada, antes de que le preguntaran les dijo ella que ya sabía a qué venían, que supieran que aquella alma por la que querían preguntar hacía muy poco tiempo que la había dejado en el infierno. Al oír esto los frailes le replicaron que mentía, puesto que él se había confesado muy bien y había recibido los sacramentos, por lo que, según las enseñanzas de la Iglesia, no podía haberse condenado. Ella les contestó que indudablemente la fe y religión de los cristianos es la verdadera y que si él, al morir, hubiera hecho lo que debe hacer el buen cristiano, se habría salvado, pero que no obró como verdadero ni buen cristiano, pues, aunque mandó hacer mucho bien por su alma, no fue como se debe ni con recta intención, ya que, en primer lugar, mandó hacer todo después de su muerte con el propósito de que se hiciera si se moría, pero de no hacerlo si no se moría; es decir, que fue generoso cuando ya sus riquezas no podían servirle; y, en segundo lugar, las había donado para que quedara eterna fama de lo que había hecho. Por lo cual, aunque hizo buenas obras, no las hizo bien, por haberse olvidado de que Dios no premia simplemente las buenas obras, sino las bien hechas. El buen obrar se ve en la intención, y como la del senescal fue torcida, no recibió el premio que esperaba.

A vos, señor conde, que me pedís consejo, os digo que creo que el bien que vayáis a hacer debéis hacerlo en vida. Os advierto, además, que para recibir por él galardón es necesario que primeramente reparéis el daño que hayáis hecho, pues de poco valdría robar el carnero y dar luego las patas por amor de Dios. Poco provecho os puede hacer haber robado mucho y dar limosna de lo que no es vuestro. Para que la limosna sea buena conviene que concurran en ella cinco circunstancias: primera, que se haga de lo que uno legítimamente posee; segunda, que se dé estando uno en estado de verdadera penitencia; tercera, que por su cuantía se sienta la falta de lo que se da; cuarta, que se haga en vida; y quinta, que se dé sólo por amor de Dios y no por vanagloria ni vanidad. Cumpliéndose estas cinco condiciones, todas las limosnas y buenas obras serán perfectas y recibirá el que las haga mucho galardón; pero si vos, por algún motivo, no las podéis hacer de este modo, no debéis por eso dejar de hacerlas, pensando que por carecer de esas condiciones no os reportan ventaja alguna, pues eso sería un disparate y un dudar de la bondad de Dios, pues de cualquier manera que se haga el bien, siempre es bien, y las buenas obras ayudan al hombre a salir de pecado y a arrepentirse y nos proporcionan salud corporal, honras, riquezas y buena fama. Por lo cual toda buena obra es siempre provechosa, aunque sería mejor para la salvación que se hicieran con las cinco condiciones que he dicho.

El conde vio que era verdad lo que Patronio le decía, resolvió hacerlo así y le pidió a Dios que le ayudara a obrar de este modo. Viendo don Juan que este cuento era muy bueno lo mandó poner en este libro e hizo unos versos que dicen así:

Si quieres ganar eterna salvación,
haz bien mientras vivas con recta intención.

CUENTO XLI

LO QUE SUCEDIO A UN REY DE CORDOBA LLAMADO ALHAQUEN

Un día hablaba el conde Lucanor con Patronio, su consejero, de este modo:

—Patronio, vos sabéis que yo soy muy buen cazador y he hecho algunas innovaciones en el arte de la caza e introducido algunas reformas muy convenientes en las pihuelas y en los capirotes de los pájaros de cetrería. Ahora los que quieren meterse conmigo se burlan de mí a cuenta de eso, y cuando elogian al Cid Ruy Díaz o al conde Fernán González por las batallas que vencieron o al santo y bienaventurado rey don Fernando por sus conquistas, me elogian a mí, diciendo que estuve muy acertado en lo que añadí a las pihuelas y a los capirotes. Como éstos son elogios malintencionados, os ruego que me aconsejéis lo que debo hacer para que no se metan conmigo por inventos tan útiles como son éstos.

—Señor conde Lucanor —respondió Patronio—, para que sepáis lo que más os conviene hacer me gustaría que supierais lo que sucedió a un rey de Córdoba llamado Alhaquen.

El conde le preguntó qué le había sucedido.

—Señor conde —dijo Patronio—, hubo en Córdoba un rey llamado Alhaquen. Aunque mantenía en paz su reino, no

138

se esforzaba por ilustrar su nombre ni alcanzar fama, como deben hacer los buenos reyes, que no están sólo obligados a conservar lo que han heredado, sino a acrecentarlo por medios lícitos y a esforzarse por ser en su vida muy alabados y porque después de su muerte quede memoria de sus grandes hechos. Este rey no se preocupaba por nada de esto, sino por comer, descansar y vivir en medio de deleites.

Sucedió que un día estaban tocando delante de él un instrumento que agrada mucho a los moros, llamado albogón. Al rey le pareció que no hacía tan buen sonido como debía y, cogiendo el albogón, le hizo un agujero en la parte de abajo, a continuación de los que ya tenía. Con esta reforma tuvo el albogón mucho mejor sonido. Aunque la reforma fue buena en sí, como era una cosa mucho más pequeña que las que los reyes suelen hacer, las gentes empezaron a alabarla en tono de burla y decían al elogiar a alguien: *Wa hadi ziyadat Al-Hakam*, que quiere decir: *Este es el añadido de Alhaquen*. La frase corrió tanto por aquellas tierras que acabó por llegar a oídos del monarca, que preguntó lo que significaba. Aunque al principio no se lo quisieron decir, los apretó tanto que por fin lo supo. Cuando se enteró se disgustó mucho, pero como era buen rey no quiso castigar a los que lo decían, sino que se propuso hacer algún otro añadido que las gentes se vieran obligadas a elogiar con razón. Entonces, como la mezquita de Córdoba aún no estaba acabada, le añadió todo lo que le faltaba y la terminó. Esta es la mayor y la más hermosa de las mezquitas que tenían los moros en España. Gracias a Dios, ahora está convertida en catedral de Córdoba. Fue consagrada a Nuestra Señora por el santo rey don Fernando, cuando ganó esta ciudad a los moros.

Cuando el rey Alhaquen hubo terminado la mezquita y hecho ese añadido tan conveniente, dijo que, pues hasta entonces le habían alabado por lo que había añadido al albogón, esperaba que en adelante le habían de elogiar por lo que había añadido a la mezquita. Efectivamente, fue tan alabado que la frase que decían de él en broma quedó por elogio, y hasta nuestros días han venido diciendo los moros para alabar algún hecho muy bueno: *Este es el añadido de Alhaquen.*

Vos, señor conde, si estáis muy molesto y pensáis que por burla os elogian por lo que añadisteis a las pihuelas y a los capirotes o por las demás innovaciones que introdujisteis en el arte de la caza, procurad hacer algunas cosas grandes, de ésas que hacen los grandes hombres. Entonces las gentes no tendrán más remedio que alabar sinceramente lo que hayáis hecho, del mismo modo que alaban ahora en tono de burla vuestras reformas e innovaciones.

El conde tuvo este consejo por bueno, lo puso en práctica y le fue muy bien. Como don Juan vio que este cuento era muy bueno, lo hizo poner en este libro y escribió unos versos que dicen así:

Si alguna cosa hicieres que grande no fuere,
haz también algunas de ésas cuya fama nunca muere.

CUENTO XLII

LO QUE SUCEDIO A UNA FALSA DEVOTA

Un día hablaba el conde Lucanor con Patronio, su consejero, de este modo:

—Patronio, yo he estado hablando con muchas personas y nos hemos preguntado qué podría hacer un hombre muy malo para causar mucho daño a los demás. Unos decían que encabezar revueltas; otros, que pelear con todos; otros, que robar y matar, mientras otros afirmaban que aquello con que el hombre puede hacer más daño es la calumnia y la mala lengua. Por vuestro buen entendimiento os ruego me digáis con cuál de estas cosas podría causarse más mal a las gentes.

—Señor conde —respondió Patronio—, para que veáis esto claro me gustaría que supierais lo que sucedió al demonio con una de esas mujeres que se fingen devotas.

El conde le preguntó qué le había sucedido.

—Señor conde Lucanor —dijo Patronio—, en un pueblo había un mancebo muy bueno, casado, que se llevaba muy bien con su mujer, de modo que nunca había entre ellos desavenencias. Como al demonio le desagrada siempre lo bueno, recibía de esto mucho pesar; pero aunque estuvo mucho tiempo tratando de meter cizaña entre los dos, nunca los pudo desavenir.

Un día, viniendo el demonio del pueblo donde aquel matrimonio vivía, muy triste por no poder hacer nada contra ellos, se encontró con una devota. Al conocerse le preguntó por qué estaba triste. El demonio le dijo que venía del sitio donde vivía aquel matrimonio, que hacía mucho tiempo que estaba tratando de desavenirlos, sin conseguirlo, y que, al saberlo su superior, le había dicho que, pues hacía tanto que andaba en ello sin dar puntada, había perdido su estimación, y que por eso estaba tan triste. Le respondió ella que se asombraba de que, con lo que sabía, no pudiera lograrlo, pero que si hacía lo que ella le dijera, estaba segura de conseguirlo. Contestó el demonio que estaba dispuesto a hacer al pie de la letra lo que ella quisiera con tal de desavenir a aquel matrimonio. Cuando el demonio y la falsa devota se pusieron de acuerdo, se fue la mujer para el lugar donde ellos vivían; tanto hizo allí que se dio a conocer a la mujer y le hizo creer que se había criado en casa de su madre y que por esto estaba obligada a servirla en todo lo que pudiera. La honrada esposa, convencida de ello, la metió en su casa y acabó por fiarle su manejo. También se fiaba de ella el marido.

Cuando ya había estado mucho tiempo en la casa y se había ganado la confianza de los dos, se presentó muy triste un día a la mujer y le dijo:

—Hija mía, mucho siento lo que me han dicho: que a vuestro marido le gusta otra. Os ruego y aconsejo que le tratéis con más cariño que nunca para que no ame a ninguna mujer más que a vos, pues ello sería la mayor desgracia que os pudiera venir.

Al oír esto la buena esposa, aunque no lo creyó, se entristeció mucho. Viéndola tan triste la falsa devota, se fue al lugar por donde su marido había de venir, y al llegar le dijo que era una pena que, teniendo una mujer tan buena como la suya, amara más a otra, y que esto ya lo sabía su propia mujer y se había entristecido mucho por ello, habiendo dicho que si él se portaba así, a pesar de que ella se esforzaba tanto por tenerle contento, buscaría a otro que la tuviera en más que él. Acabó rogándole la cizañera que su mujer no supiese lo que le había dicho; si lo supiera, ella se moriría.

Cuando el marido oyó esto, aunque no lo creyó, se afligió también mucho y se puso muy triste. La enemiga de su descanso se fue entonces adonde estaba su mujer y le dijo, con grandes muestras de pesar:

—Hija, no sé qué desgracia os ha venido, que vuestro marido está muy enojado con vos; ahora veréis que es verdad lo que os digo, pues ha de entrar triste y enojado, lo que no hacía antes.

Dejándola con esta preocupación se fue al marido y le dijo lo mismo. Cuando éste llegó a su casa y vio a su mujer triste y que ya no se alegraban el uno con el otro, quedaron los dos aún más preocupados. Al salir el marido le dijo la falsa mujer a la buena esposa que, si ella quería, buscaría a algún hombre que supiera hacer algún encantamiento con que su marido perdiera la mala voluntad que le estaba mostrando. La mujer, deseosa de vivir con su marido en la misma armonía que antes, le dijo que le agradecería mucho que lo hiciera.

A los pocos días volvió a ella y le dijo que había encontrado a un hombre muy sabio que le había dicho que si traía unos cuantos pelos de la barba de su marido, de los que nacen en la garganta, haría con ellos un encantamiento para que su marido perdiera el enojo y volvieran a vivir como antes o quizá mejor, y que cuando viniese hiciera que se echase a dormir en su regazo y se los cortara. Le dio además una navaja para hacer esto. La buena esposa, muy entristecida por el amor que tenía a su marido, al ver la desavenencia que había entre ellos, y deseando volver a gozar de la felicidad que antes disfrutaba, dijo que lo haría y cogió la navaja que la falsa devota le había traído.

La mala mujer se fue enseguida al marido y le dijo que sentiría tanto que le mataran que no podía ocultarle lo que su mujer tenía maquinado; que supiese que su mujer le pensaba matar para irse con su amante. Para que viera que decía verdad, quería advertirle que su mujer tenía convenido con el amante que, cuando él llegara a su casa, le haría ella dormir en su regazo para degollarle, al quedar dormido, con una navaja que tenía guardada. Cuando el marido oyó esto se asombró mucho, y si antes estaba ya muy preocupado por las falsedades que le había dicho, con esto de ahora se preocupó más, y resolvió estar muy sobre sí y ver si era verdad lo que le contaba. Con este ánimo se fue a su casa.

Al verle su mujer, le recibió mejor que los días anteriores y le dijo que por qué siempre estaba trabajando y nunca quería descansar; que se echara un poco cerca de ella y pusiera la cabeza en su regazo para espulgarle. Oyéndola el marido, tuvo por cierto lo que le habían dicho, y por ver lo que haría se echó en su regazo y se hizo el dormido. Cuando su mujer creyó que estaba bien dormido sacó la navaja para cortarle los pelos de la barba, como le había dicho la falsa devota. Al ver el marido la navaja cerca de su garganta, creyendo que era verdad que iba a degollarle, se la quitó a su mujer y la degolló él. A los gritos vinieron los padres y hermanos de ella, que al ver degollada a la que nadie había puesto nunca ninguna tacha se dirigieron todos contra él y le mataron llenos de ira. Entonces vinieron los parientes del marido, que mataron a los que habían vengado a la mujer. Y de tal manera se revolvió el pueblo, que aquel día murieron la mayoría de sus habitantes.

Todo esto vino por las falsas palabras de la mala mujer. Pero como Dios no quiere que el malvado quede sin castigo ni que la maldad permanezca encubierta, hizo que se supiera que todo aquello había venido por la falsa devota, a la que condenaron a muy cruel muerte.

Vos, señor conde Lucanor, si queréis saber cuál es el hombre más dañino del mundo y el que puede hacer más mal a las gentes, podéis estar seguro que es el que se finge cristiano y persona leal, pero anda con torcida intención sembrando mentiras por desavenir a unas gentes con otras. Os aconsejo que os guardéis mucho de los que simulan ser muy devotos, ya que la mayoría de ellos están llenos de trampas y engaños. Para poderlos bien conocer, recordad lo que de ellos dice el Evangelio: *A fructibus eorum cognoscetis eos;* que quiere decir: *Por sus obras los conoceréis.* La verdad es que no hay nadie en el mundo que pueda ocultar lo que lleva dentro, pues aunque lo oculte algún tiempo, al fin siempre sale.

El conde vio que era verdad lo que Patronio le decía, se propuso hacerlo y le pidió a Dios que le guardara a él y a sus amigos de gente así. Comprendiendo don Juan que este cuento era bueno, lo hizo poner en este libro y escribió unos versos que dicen así:

Juzgar por las obras, no por la apariencia;
en esto consiste del vivir la ciencia.

Cuento XLIII

LO QUE LE SUCEDIO AL MAL CON EL BIEN
Y AL CUERDO CON EL LOCO

El conde Lucanor habló una vez con Patronio, su consejero, de este modo:

—Patronio, a mí me sucede que tengo dos vecinos: el uno es persona a quien quiero mucho y debo querer, pues hay entre los dos muchos motivos de agradecimiento, pero que a veces me hace algunas cosas que me perjudican; el otro no es persona con quien yo tenga estrecha amistad ni deba querer; éste también me hace algunas cosas que no me agradan. Por vuestro buen entendimiento os ruego me digáis el modo de portarme con ellos dos.

—Señor conde Lucanor —respondió Patronio—, esto que me preguntáis no es una cosa, sino dos, y muy distintas la una de la otra. Para que en esto podáis hacer lo que más os conviene, me gustaría que supierais lo que sucedió al Mal con el Bien, y lo que le pasó a un cuerdo con un loco.

El conde le rogó que se lo contara.

—Señor conde —dijo Patronio—, como éstas son dos historias distintas, primero os contaré lo que le sucedió al Mal con el Bien y luego lo que le pasó a un cuerdo con un loco.

El Bien y el Mal resolvieron vivir juntos. El Mal, que es muy inquieto y siempre anda con nuevos proyectos, le dijo al Bien que debían procurarse algún ganado para mantenerse. Agradó ello al Bien y convinieron en criar ovejas. Cuando parieron éstas le dijo el Mal que era mejor que cada uno eligiera la parte del esquilmo que quería para sí. El Bien, como es tan mirado, no quiso elegir, sino que dijo al Mal que escogiera primero. El Mal, como es malo y aprovechado, no se hizo de rogar, y le propuso al Bien que se quedara con los corderitos, que él tomaría la leche y lana de las ovejas. El Bien dijo que le parecía bien este reparto.

Después de esto el Mal le propuso al Bien que criaran cerdos. El Bien asintió. Cuando las puercas parieron, le dijo el Mal que pues la otra vez se había quedado con los corderitos y él con la leche y lana de las ovejas, lo justo sería que el Bien se quedara ahora con la leche y lana de las puercas y que él tomara los lechoncitos. Así lo hicieron.

Después dijo el Mal que debían cultivar algunas hortalizas, y sembraron nabos. Cuando nacieron, dijo el Mal al Bien que él no sabía lo que había debajo de tierra, ya que no se veía, pero para que no hubiera engaño, que cogiera el Bien las hojas de los nabos, que sí se veían, que él se conformaba con lo que hubiera bajo tierra. El Bien aceptó. Luego sembraron coles. Al nacer éstas le dijo el Mal que pues antes se había quedado con lo que se veía de los nabos, lo justo era que ahora se hiciera lo contrario con las coles y que cogiera lo que estaba bajo tierra. El Bien lo cogió.

Poco tiempo después dijo el Mal al Bien que deberían buscar una mujer para que los sirviera. Al Bien le pareció ésta una idea muy buena. ¡Cuando la hallaron, propuso el Mal que de la cintura para arriba fuera del Bien y que él se quedara con la otra mitad! Como el Bien aceptó, la parte del Bien hacía lo necesario para los dos, mientras que la del Mal estaba casada con él y tenía que dormir con su marido.

La mujer quedó embarazada y dio a luz un niño. Al quererle su madre dar de mamar, el Bien lo prohibió, diciendo que la leche estaba en su parte y no daba permiso. Viniendo el Mal muy contento a ver a su hijo, halló que la madre estaba llorando. Preguntada la causa, le contestó que porque su hijo no podía mamar. Extrañado el Mal, le refirió la madre que el Bien no se lo permitía porque el pecho estaba en su parte. Cuando el Mal lo oyó, se fue al Bien y, riendo y como en broma, le pidió que dejara mamar a su hijo. El Bien respondió que la leche estaba en su parte y que no le dejaba. El Mal, muy afligido, comenzó a rogarle. Al ver el Bien su aflicción, le dijo:

—Amigo, no penséis que yo no me daba cuenta de la diferencia entre aquellas partes que me adjudicabais y las que tomabais siempre para vos; yo jamás os pedí nada de lo vuestro, sino que como pude me arreglé con lo mío, sin ayuda vuestra. Si ahora Dios os ha traído a una situación en que necesitáis de lo mío, no os sorprendáis de que no os lo dé, sino acordaos de lo que me habéis hecho y sufridlo a cambio de aquello.

Cuando el Mal, oyendo esta verdad tan amarga, comprendió que su hijo tenía que morir, se afligió aún más y le pidió al Bien que por amor de Dios se compadeciera de aquella criatura, olvidando sus maldades, ya que prometía hacer en adelante lo que él quisiera. Al oír esto el Bien, le pareció que Dios le había favorecido mucho haciendo que el hijo del Mal sólo pudiera salvar su vida por bondad suya, y quiso que esto sirviera para corregirle, por lo que le dijo que si quería que permitiera que la mujer diera el pecho a su hijo, tenía que salir por las calles con el niño en brazos, diciendo, de forma que lo oyeran todos: "Amigos, sabed que por medio del bien vence el Bien al Mal." Esto agradó mucho al Mal, que pensó que había comprado muy barato la vida del niño. El Bien, a su vez, pensó que sería muy buen correctivo. De este modo *supo* todo el mundo que el Bien vence al Mal por medio del bien.

Al hombre cuerdo le pasó con el loco algo muy distinto. La cosa fue así. Un hombre honrado era dueño de un baño. El loco veía a las gentes que se estaban bañando y les daba tantos golpes con los cubos, con piedras y palos o con lo que hallaba a mano que ya nadie se atrevía a ir allí. Con lo que el hombre honrado perdió su ganancia. Cuando éste vio lo que le sucedía, madrugó un día y se metió en el baño antes que viniera el loco. Se desnudó y cogió un cubo de agua muy caliente y un mazo muy grande de madera. Al llegar el loco al baño para pegar a los que se bañaban, como solía hacer, el hombre honrado, que le esperaba desnudo, se dirigió a él con mucha furia, le echó el cubo de agua caliente por la cabeza y le dio tantos golpes con el mazo en ella y en el resto del cuerpo que el loco se tuvo por muerto y creyó que el otro también había perdido la razón. Salió gritando mucho y topó con un hombre que le preguntó por qué venía dando tantas voces y quejándose tanto. El loco le dijo:

—Amigo, tened cuidado, que hay otro loco dentro del baño.

Vos, señor conde Lucanor, gobernaos así con vuestros dos vecinos. A ése con quien tenéis tanta amistad que no creéis pueda romperse en toda la vida, hacedle siempre buenas obras y, aunque os cause a veces algún perjuicio, alojadle cuando venga a veros y ayudadle en sus necesidades, pero dándole siempre a entender que lo hacéis por amistad y cariño y no por gratitud; al otro con quien no tenéis tanta amistad no le sufráis nada, incluso hacedle comprender que por vengar cualquier daño que de él recibáis lo aventuraréis todo, ya que el mal amigo conserva la amistad mucho más por miedo que por otra cosa.

El conde tuvo este consejo por bueno, obró según él y le fue muy bien. Como don Juan viera que estos cuentos eran muy buenos, los hizo poner en este libro y escribió unos versos que dicen así:

El Bien vence al Mal por medio del bien;
aguantar al malo, ¿qué ventaja es?

LO QUE SUCEDIO A DON PEDRO NUÑEZ EL LEAL A DON RUY GOMEZ CEBALLOS Y A DON GUTIERRE RUIZ DE BLANQUILLO CON EL CONDE DON RODRIGO EL FRANCO

Una vez, hablando el conde Lucanor con Patronio, su consejero, le dijo así:

—Patronio, durante una guerra en que mi patrimonio estuvo en peligro me sucedió que, en la mayor necesidad, unos vasallos míos, de los que yo había criado en mi casa y de los que más tenían que agradecerme, me abandonaron y se pasaron a mis enemigos, y aun se alegraron por el daño que me causaron. Tales cosas hicieron que formara mucha peor opinión de los hombres que la que antes tenía. Por el entendimiento que Dios os ha dado os ruego me digáis lo que vos creéis que debo pensar de ellos.

—Señor conde —respondió Patronio—, si los que se portaron tan mal con vos fueran como don Pedro Núñez el Leal, don Ruy Gómez Ceballos y don Gutierre Ruiz de Blanquillo, o hubieran sabido lo que sucedió a estos tres caballeros, no hubieran hecho la maldad que hicieron.

El conde preguntó qué les había pasado.

—Señor conde —dijo Patronio—, el conde don Rodrigo el Franco se casó con una señora, hija de don Gil García de Zagra, mujer muy honrada, a la que levantó un falso testimonio. Ella, lamentándose, le pidió a Dios que hiciera un milagro, de modo que, si era culpable, su culpa quedara patente, y, si no lo era, quedara patente la de su marido. Apenas hubo concluido su oración, Dios hizo que al conde, su marido, le viniera lepra. Ella entonces le abandonó. Poco tiempo después mandó sus emisarios el rey de Navarra a la honrada mujer, se casó con ella y fue reina.

El conde, viendo que no podía curarse la lepra, resolvió

irse en romería a Tierra Santa, a morir allí. Aunque era muy rico y tenía muchos vasallos, sólo fueron con él los tres caballeros que he mencionado. Estuvieron allí tanto tiempo que se les acabó el dinero que llevaban y quedaron tan pobres que no tenían qué dar de comer al conde, su señor. Empujados por la necesidad, resolvieron trabajar como jornaleros, cada día dos, quedándose el otro a cuidar al conde. Con lo que ganaban podían vivir todos. Todas las noches bañaban al conde y le limpiaban las llagas que la lepra le producía.

Sucedió que una noche, lavándole los pies y las piernas, tuvieron necesidad de escupir, y lo hicieron. Al ver el conde que todos escupían, creyó que era por asco y empezó a llorar y a lamentarse de ello. Para que viera el conde que no tenían asco de su enfermedad, cogieron la jofaina en que estaba el agua con el pus y las costras que de las llagas se le desprendían y bebieron de ella mucha cantidad. Viviendo con el conde, su señor, de este modo, le acompañaron hasta que murió.

Pensando que sería una deshonra volver a Castilla sin su señor, vivo o muerto, no quisieron dejar su cadáver. Algunas personas les aconsejaron que lo hicieran cocer y llevaran los huesos; pero ellos respondían que no estaban dispuestos a consentir que nadie tocara a su señor ni muerto ni vivo. Por lo cual no lo enterraron hasta que quedó la carne deshecha, y metiendo los huesos en una arqueta, la traían sobre los hombros.

Así venían, pidiendo limosna y trayendo a cuestas los restos del conde, con una información que mandaron hacer de lo sucedido en Tierra Santa. Con mucha pobreza, pero felizmente, llegaron al Languedoc, donde, al entrar en una ciudad, encontraron a muchas gentes que iban a quemar a una señora muy principal, acusada de adulterio por el hermano de su marido. Decían que si ningún caballero peleaba por ella tendrían que quemarla. Hasta ahora la dama no había hallado quién la defendiera.

Cuando don Pedro Núñez, el leal y buen caballero, vio que por falta de uno iban a matar a aquella señora, dijo a sus compañeros que si supiera que era inocente pelearía por ella. Se dirigió entonces a la mujer y le preguntó la verdad del hecho. Ella le dijo que no había cometido el delito de que era acusada, pero que había tenido deseos de hacerlo. Aunque don Pedro Núñez comprendió que, pues ella había pecado con la voluntad, no podría por menos de venir algún daño al que la defendiera, como ya lo había comenzado, y efectivamente ella no había hecho lo que le imputaban, dijo que la defendería. Los acusadores, al oírle, quisieron recusarle por no ser caballero, pero al mostrar él la información que traían tuvieron que aceptarle como campeón.

Los parientes de la señora le proporcionaron caballo y armas. Antes de entrar en el campo les dijo él que esperaba, con ayuda de Dios, quedar con honra y salvarla a ella; pero que por haber ella deseado hacer el pecado de que la acusaban, estaba seguro de que le vendría a él algún daño. Puestos en el campo, Dios ayudó a don Pedro Núñez a vencer al contrario y salvar a la dama, pero perdió un ojo; así se cumplió lo que don Pedro Núñez había anunciado. La señora y sus parientes le dieron a don Pedro Núñez tanto dinero que en adelante pudieron traer los huesos del conde, su señor, con más comodidad.

Cuando llegó a conocimiento del rey de Castilla cómo venían aquellos tres bienaventurados caballeros con los restos del conde, su señor, y cómo habían hecho su viaje tan felizmente, se alegró mucho y agradeció a Dios que tales hombres fueran de su reino. Les mandó decir que llegaran a pie y con la misma ropa que sacaron de Tierra Santa. El día que llegaron a la frontera castellana los salió a recibir, a pie, cinco leguas más allá de la raya, y les hizo tanta merced que todavía sus descendientes viven de lo que el rey entonces les dio. El rey y todos los que estaban con él, por honrar al conde y, sobre todo, a los tres caballeros, fueron acompañando los huesos a Osma, donde los enterraron. Después de lo cual se fueron a sus casas.

El día que Ruy González llegó a la suya, cuando se sentó a la mesa con su mujer, al ver ésta la carne alzó los ojos al cielo y dijo:

—¡Señor, bendito seas por haberme dejado ver este día, pues bien sabes tú que desde el momento que don Ruy González se partió de aquí no he comido carne ni bebido vino!

Don Ruy González lo sintió mucho y le preguntó por qué lo había hecho. Ella le respondió que recordara que al irse con el conde le había dicho que no volvería sin él y le había recomendado mucho que viviese honradamente, ya que nunca le faltaría en su casa pan ni agua; y como él dijo esto, no tenía ella por qué salir de lo que había dispuesto ni comer o beber más que pan y agua.

Del mismo modo, cuando don Pedro Núñez llegó a su casa, al quedarse solo con su mujer y con sus parientes, todos se empezaron a reír de contentos que estaban. Creyendo don Pedro Núñez que se reían de él por haber perdido un ojo, se cubrió la cabeza con el manto y se echó en la cama. Al verle tan triste, su buena esposa se disgustó mucho y le apretó tanto que al cabo le dijo que estaba triste porque se burlaban de él por ser tuerto. Entonces su mujer se clavó una aguja en un ojo y se lo quebró, diciéndole a su marido que de este modo, cuando se riera, no pensaría que lo hacía por burlarse. Así Dios premió a estos caballeros por el bien que hicieron.

Estoy convencido de que si los que se portaron tan mal con vos hubieran sido como éstos o hubieran sabido cuánto bien les vino por su lealtad al conde, su señor, se hubieran conducido de otra manera; pero vos, señor conde, no debéis dejar de hacer bien porque algunos os hagan mal, pues éstos se perjudican a sí mismos mucho más que a vos. Pensad que si algunos se portaron mal, muchos otros se portaron bien, y que más os benefició el servicio de los buenos que os perjudicó el daño de los malos. No esperéis que todos aquellos a los que protejáis os lo retribuyan, sino que más bien sucederá que uno de ellos os servirá de modo que tengáis por bien empleado el bien que hayáis hecho a todos los demás.

El conde vio que éste era un consejo realmente bueno. Como a don Juan le pareció también esta historia muy buena, la hizo poner en este libro y escribió unos versos que dicen así:

El bien que hagas nunca será perdido,
aunque algunos se porten mal contigo.

CUENTO XLV

LO QUE SUCEDIO AL QUE SE HIZO AMIGO Y VASALLO DEL DEMONIO

Una vez el conde Lucanor hablaba con Patronio, su consejero, y le dijo así:

—Patronio, un hombre me dice que sabe, por medio de augurios y brujerías, lo que ha de pasar, y que si yo quisiera me podré aprovechar de su ciencia en beneficio mío; pero yo temo caer en pecado. Por la confianza que tengo en vos os ruego me digáis lo que os parezca que deba hacer.

—Señor conde —dijo Patronio—, para que hagáis lo más conveniente me gustaría que supierais lo que le pasó con el demonio a un hombre.

El conde le pidió que se lo contara.

—Señor conde —dijo Patronio—, un hombre que había sido muy rico se quedó tan pobre que no tenía qué comer. Como no hay en el mundo mayor desgracia que el infortunio para el que siempre ha sido dichoso, aquel hombre, que de tanta prosperidad había venido a tanta desventura, estaba muy triste. Un día que iba solo por un monte, muy afligido y muy preocupado, se encontró con el demonio. Como éste sabe todo lo que ha pasado, sabía porqué aquel hombre estaba tan triste; a pesar de ello, le preguntó la causa de su tristeza. El le contestó que para qué iba a decírselo, ya que no podía ponerle remedio. Le contestó el demonio que si él quería obedecerle le remediaría y que, para que viera que lo podía hacer, le diría en qué venía pensando y porqué estaba triste. Entonces le contó su propia historia y le dijo el motivo de su tristeza, como quien muy bien lo sabía. Le dijo también que, si quisiera hacer lo que él le dijese, le sacaría de miseria y le haría más rico que nunca había sido ninguno de su linaje, pues era el demonio y lo podía hacer. Cuando el hombre le oyó decir que era el demonio tuvo mucho miedo, pero por la aflicción y penuria en que se encontraba le respondió que, si le volvía a hacer rico, haría lo que quisiese.

Tened presente que el diablo busca el momento más a propósito para engañarnos: cuando está el hombre en mucha estrechez o mucho abatimiento, o muy acuciado por el temor o el deseo de algo, consigue de él todo lo que quiere; por eso buscó el modo de engañar a este hombre al verle afligido.

Entonces hicieron un convenio, y el hombre se declaró su vasallo. Hecho esto, le dijo el demonio que de allí en adelante fuera a robar, pues nunca encontraría puerta ni casa tan bien cerrada que él no se la abriera, y que si por casualidad se viese en algún peligro o le llevaran a la cárcel, no tenía más que llamarle diciendo: "Socorredme, don Martín", para que él viniera inmediatamente a librarle de aquel peligro. Después de lo cual se separaron.

El hombre se dirigió, cuando vino la noche, a casa de un mercader, pues los que quieren hacer mal aborrecen la luz; al llegar a la puerta se la abrió el demonio, que hizo lo mismo con las arcas, de modo que pudo coger una gran cantidad de dinero. Al día siguiente hizo un robo muy grande, y después otro, hasta que fue tan rico que ya no se acordaba de la miseria pasada. El desgraciado, no satisfecho con haber salido de pobreza, siguió robando. Tanto robó que acabó por caer preso. En cuanto le prendieron llamó a don Martín. Don Martín llegó muy de prisa y le libró en seguida. Al ver el hombre que don Martín cumplía su palabra, volvió a robar, y tanto robó que llegó a ser muy rico.

En uno de estos robos cayó otra vez preso, y llamó a don Martín, que no vino tan de prisa como él quisiera. Los jueces del lugar donde había robado habían ya empezado a hacer sus pesquisas. Cuando llegó don Martín, el hombre le dijo:

—¡Ah, don Martín, cuánto miedo he pasado! ¿Por qué no habéis venido antes?

Don Martín le contestó que estaba ocupado con un asunto muy urgente y que por eso se había retrasado. Inmediatamente le sacó de la cárcel.

El hombre volvió a robar. Al cabo de muchos robos fue de nuevo preso y, hecha por los jueces la indagación, fue condenado. Dada la sentencia, vino don Martín y le puso en la calle. Viendo que don Martín siempre le libraba, siguió robando. Otra vez fue preso y llamó a don Martín, pero éste no vino hasta que ya había sido condenado a muerte. Recurrió don Martín en alzada al rey y de este modo volvió a libertarle.

Siguió robando, fue otra vez preso y llamó a don Martín, pero cuando vino estaba el hombre al pie de la horca. Al verle le dijo:

—¡Ay, don Martín, que esto no era broma! No sabéis el miedo que he pasado.

Don Martín le dijo que le traía quinientos maravedíes en una escarcela,[1] que se los diese al juez y que de esta manera quedaría libre. El juez había dado ya la orden de que le ahorcasen y estaban buscando cuerda para ello. Mientras la buscaban, llegó el hombre al juez y le dio la escarcela. Cre-

1 Especie de bolsa que se llevaba colgando de la cintura.

yendo el juez que le había dado mucho dinero, dijo a las gentes que estaban allí:

—Amigos, ¿quién vio nunca que no hubiera soga para ahorcar a un hombre? Yo creo que éste es inocente y que, como Dios no quiere que muera, falta la soga. Esperemos hasta mañana y veámoslo con más detención, que si es culpable, tiempo nos queda para hacer justicia.

Esto decía el juez para librarle por el dinero que creía le había dado; pero cuando se apartó y miró la escarcela, en lugar de dinero halló dentro una soga. Inmediatamente le mandó ahorcar. Echándole el verdugo el dogal al cuello, le pidió a don Martín que le socorriera. Replicó don Martín que él siempre ayudaba a sus amigos hasta ponerlos en un trance así. De este modo perdió aquel hombre la vida y el alma por creer y fiarse del demonio.

Podéis estar cierto que nunca nadie se fió de él que no terminara de mala manera; fijaos en todos los que creen en augurios o echan suertes, en los adivinos, en los que hacen círculos o encantamientos o cualquier otra cosa de éstas y veréis que siempre acaban mal. Si no me creéis, acordaos de Alvar Núñez y de Garcilaso, que tanto confiaron en agüeros y brujerías, y de cuál fue su fin.

Vos, señor conde, si queréis vivir bien y salvar el alma, confiad mucho en Dios, poned en él toda vuestra esperanza y esforzaos cuanto pudiereis por conseguir lo que os convenga, que Dios os ayudará; pero no creáis ni os fiéis de augurios ni tentéis a Dios, que éste es uno de los pecados que a Dios más ofenden y con los que el hombre más se aparta de El.

El conde tuvo por muy bueno este consejo que Patronio le daba, obró según él y le fue muy bien. Como don Juan viera que este cuento era muy bueno, lo hizo poner en este libro y escribió unos versos que dicen así:

> *El que en Dios no pone su confianza*
> *tendrá muy mala muerte; sufrirá malandanzas.*

LO QUE SUCEDIO A UN FILOSOFO QUE POR CASUALIDAD ENTRO EN UNA CALLE DONDE VIVIAN MALAS MUJERES

Una vez, hablando el conde Lucanor con Patronio, su consejero, dijo lo siguiente:

—Patronio, vos sabéis que una de las cosas que más debe uno esforzarse por adquirir y por conservar intacta y limpia es la buena fama. Como sé que en esto y en las demás cosas nadie me puede aconsejar mejor que vos, os ruego me digáis de qué manera puedo acrecentar mi fama y evitar que se le puedan poner lunares.

—Señor conde —respondió Patronio—, mucho me agrada lo que me decís. Para poder hacerlo me gustaría que supierais lo que sucedió a un gran filósofo que era muy viejo.

El conde le preguntó qué le había sucedido.

—Señor conde —dijo Patronio—, un gran filósofo vivía en una ciudad del reino de Marruecos. Este filósofo padecía una enfermedad, por la cual no podía evacuar sino muy despacio y con mucho dolor. Por ello le tenían mandado los médicos que cada vez que le vinieran ganas lo tratara de hacer en seguida y no lo retrasara, porque cuanto más las heces se quemaran, más se secarían y endurecerían, de modo que le sería aún más doloroso y perjudicial para la salud. Lo hacía él así y le iba muy bien.

Sucedió que un día, yendo por una calle en que tenía muchos discípulos, le vinieron ganas de evacuar. Para hacer lo que los médicos le habían mandado entró en una calleja. Dio la casualidad que era la calleja en que vivían las mujeres públicas, que trafican deshonestamente con su cuerpo con daño de sus almas y mucha ignominia. El filósofo ignoraba esto. Por el carácter de su enfermedad, que le obligó a detenerse bastante tiempo, y por el aspecto que tenía al salir de la calleja, cuya mala fama no sospechaba, todo el mundo pensó que había ido a hacer algo muy impropio de su edad y del género de vida que hasta entonces llevaba. Como cuando una persona respetable hace alguna cosa digna de censura y que le desprestigia parece peor, por pequeña que sea, y da más que hablar que si se tratara del que vive relajadamente y acostumbra a hacer cosas peores, la gente habló mucho y criticó mucho al anciano filósofo por haber ido a un sitio tan perjudicial para su alma, su cuerpo y su fama.

Cuando el sabio llegó a su casa vinieron a él sus discípulos y le dijeron, con mucho dolor, que qué desgracia o pecado era aquél por el que se había desprestigiado a sí mismo, los había desprestigiado a ellos y había perdido aquella fama que con tanto esfuerzo había ganado y que tan limpia había conservado. Al oír esto el maestro se asombró mucho y les preguntó qué había hecho él o de qué le culpaban. Ellos le replicaron que era inútil negarlo cuando, por desgracia, no había nadie en la ciudad que no hablara del mal ejemplo que había dado al entrar en la calle de las malas mujeres. Oyendo esto el filósofo, se disgustó mucho, pero les rogó que no se lamentaran y les prometió que a los ocho días les contestaría. Se metió en seguida en su estudio y escribió un libro, pequeño, pero muy útil y provechoso. Entre otras cosas buenas que tiene, habla de la buena y la mala ventura, y, dirigiéndose a sus discípulos, les dice así:

"Hijos, con la buena y la mala ventura sucede que a veces se la busca y se la halla, pero otras veces se la encuentra sin buscarla. La buscada y hallada es cuando un hombre hace una buena acción y, en consecuencia, le sucede algo bueno, o cuando por haber hecho una mala acción le sucede alguna cosa mala; ésta es la ventura hallada y buscada, ya que él hace porque le venga aquel bien o mal.

La hallada y no buscada es cuando a un hombre, sin hacer nada para ello, le sucede alguna cosa buena, como si uno que va por el campo encuentra mucho dinero o cualquier otra cosa de gran valor; también cuando a un hombre que no haya hecho nada por merecerlo le viene un daño o desgracia, como, por ejemplo, si a uno que fuera por la calle le descalabrara la piedra tirada por otro a un pájaro; esto es hallado, pero no buscado, pues él nunca hizo nada porque le debiera venir aquella desventura.

Para que haya buena o mala ventura, buscada y hallada, hace falta que el hombre se ayude, obrando bien para lograr la buena o que haga mal para ser castigado y que, además de esto, ¡Dios le dé galardón!, según lo que hubiera hecho. Del mismo modo, para que la ventura sea hallada y no buscada, es necesario, en primer lugar, que tengamos cuidado de no hacer ninguna cosa mala o sospechosa de que nos pueda provocar alguna desgracia o sencillamente mala fama; y en segundo lugar, que roguemos a Dios que, pues él evita todo aquello que puede ser origen de desventuras o de mala fama, nos guarde y ayude pana que no tengamos ningún tropiezo como el que tuve yo el otro día, que entré en una calleja a hacer lo que no podía ser excusado, y, aunque era cosa inocente y de la que no podía venirme daño alguno, por vivir en esa calleja las malas mujeres quedé infamado sin culpa alguna."

Vos, señor conde Lucanor, si queréis conservar y aumentar vuestra fama, tenéis que hacer tres cosas: la primera, muy buenas obras que agraden a Dios, y, lograd eso, que, en lo que se pueda, agraden a los hombres, aun que siempre guardando el respeto debido al vuestra dignidad y condición social, y estando persuadido de que por buena fama que tengáis podéis perderla si dejáis de hacer buenas obras o las hacéis malas, pues muchos hombres que empezaron obrando bien perdieron, al torcerse, la buena fama y quedaron con mala; la segunda cosa es rogar a Dios que os ayude a hacer lo que aumente vuestra buena fama y que os aleje de lo que pueda contribuir a que la perdáis; la tercera cosa es que ni de palabra ni de obra, ni de cerca ni de lejos, hagáis nunca nada de que las gentes puedan tener dudas o sospechas perjudiciales para vuestra fama, pues muchas veces se hacen buenas obras que por alguna circunstancia no parecen tan buenas y que dañan tanto en la opinión y lengua de las gentes como si la obra hubiera sido mala. Tened presente que a la fama tanto beneficia o tanto perjudica lo que las gentes afirmen o crean como lo que las cosas sean en realidad; por el contrario, para Dios y el alma lo único que aprovecha o daña es la obra que hagamos y la intención con que haya sido hecha.

El conde tuvo ésta por buena doctrina y le pidió a Dios que le ayudara a hacer obras que salvaran su alma y aumentaran su fama, honra y dignidad. Como don Juan vio que esta historia era buena la hizo poner en este libro y escribió unos versos que dicen así:

Haz siempre bien y evita la ocasión
de que duden de tu buena condición.

Cuento XLVII

LO QUE SUCEDIO A UN MORO CON UNA HERMANA SUYA, QUE DECIA QUE ERA MUY MEDROSA

Un día hablaba el conde Lucanor con Patronio, su consejero, de este modo:

—Patronio, sabed que yo tengo un hermano de padre y madre que es mayor que yo, y a quien, por serlo, obedezco y respeto. Tiene fama de ser inteligente y muy buen cristiano, pero Dios ha hecho que yo sea más rico y poderoso que él, y, aunque no lo dice, estoy seguro que me tiene envidia. Cada vez que yo necesito su ayuda o que haga algo por mí, dice que no lo hace porque sería pecado y hasta me reprocha que se lo pida. Por el contrario, cuando él necesita mi ayuda me dice que, aunque todo el mundo se pierda, debo aventurar mi vida y mis bienes por ayudarle. Como esto ya ha pasado varias veces, os ruego que me aconsejéis lo que os parezca que deba hacer.

—Señor conde —respondió Patronio—, a mí me parece que el comportamiento de vuestro hermano le hace digno de que se le diga lo que dijo un moro a su hermana.

El conde le preguntó qué le había dicho el moro.

—Señor conde Lucanor —dijo Patronio—, un moro tenía una hermana que era tan delicada que, por todo lo que veía o le hacían, daba a entender que le entraba miedo y que se asustaba. Hasta el punto de que cuando bebía agua en unos jarros que usan los moros, en los que, al beber uno, suena el agua, con este ruido decía que le entraba tanto miedo que iba a desmayarse. El moro, su hermano, era muy buen muchacho, pero era muy pobre, y como la pobreza obliga a hacer lo que uno no querría, se ganaba la vida de una manera muy poco honesta. Cuando moría alguien iba de noche al cementerio y le quitaba la mortaja y todo lo demás que llevara puesto. De esta manera mantenía a su hermana, que sabía esto.

Sucedió que un día enterraron a un hombre muy rico, envuelto en magníficas telas y con algunas cosas de mucho valor. Al saberlo la mora, le dijo a su hermano que ella quería acompañarle aquella noche al cementerio para ayudarle a traer lo que el hombre llevara. Cuando vino la noche fueron a la tumba el mancebo y su hermana, y, una vez abierta, vieron que no podían quitarle aquellos ricos vestidos más que cortándolos o rompiéndole el cuello al difunto. Puesta a elegir la mora entre romper el pescuezo al muerto o romper la ropa, con lo que esta perdería mucho de su valor, cogió sin duelo ni compasión la cabeza del difunto y la descoyuntó. Hecho esto, le quitó las ropas. Cogieron todo lo que tenía el muerto y se fueron de allí.

161

Al día siguiente, al sentarse a la mesa, comenzar a beber y sonar el jarro, mostró la mora que iba a desmayarse del miedo que le daba el ruido que hacía. Cuando su hermano lo vio y se acordó del valor y de la decisión con que había descoyuntado la cabeza del muerto, le dijo en árabe:

—*Aha ya ukhti, tafza 'min baqbaquwa la tafza min fatq 'unqu. Lo* que quiere decir: *Oh hermana, te asustas del gluglú, pero no te asustas al romper el cuello.*

Esto se ha convertido en un proverbio que usan los moros.

Vos, señor conde Lucanor, comprended que si vuestro hermano mayor se excusa de hacer lo que a vos os conviene, diciendo que sería un gran pecado, aunque no lo sea tanto como él dice, y, por el contrario, cree que vos debéis hacer todo lo que os pida, aunque sea mayor pecado y os perjudique, esto es lo mismo que hacía la mora, que se asustaba del ruido del agua, pero no temía descoyuntar el cuello del difunto. Pues lo justo es que le retribuyáis, decidle buenas palabras cuando os pida ayuda, estad muy amable con él y haced en lo que no os dañe lo que le convenga; en lo que os perjudique, disculpaos siempre de la manera más cortés que podáis, pero no lo hagáis de ninguna manera.

El conde tuvo éste por muy buen consejo, obró según él y le fue muy bien. Viendo don Juan que esta historia era buena, la hizo poner en este libro y escribió unos versos que dicen así:

Si uno no quiere lo que te conviene hacer,
por él no te expongas lo tuyo a perder.

LO QUE SUCEDIO A UNO QUE PROBABA
A SUS AMIGOS

Otra vez, hablando el conde Lucanor con Patronio, su consejero, dijo lo siguiente:

—Patronio, yo tengo muchos amigos que me dicen que por miedo de perder la vida o la hacienda no dejarán de hacer lo que me convenga y que por nada del mundo pondrían en peligro nuestra amistad. Por vuestro buen entendimiento os ruego me digáis de qué manera podré saber si estos amigos míos harán por mí tanto como dicen.

—Señor conde Lucanor —respondió Patronio—, el buen amigo es lo mejor del mundo, pero podéis estar persuadido de que cuando llega un momento de necesidad se hallan siempre menos amigos de los que uno piensa; si la necesidad no es grande, es difícil saber cuál sería el verdadero amigo en un caso extremado. Para que podáis saber qué amigos son los verdaderos, me gustaría que supierais lo que sucedió a un hombre honrado con un hijo suyo que blasonaba de muchos amigos.

El conde le preguntó qué le había sucedido.

—Señor conde Lucanor —dijo Patronio—, un hombre tenía un hijo y, entre otros consejos que le daba, le decía siempre que se esforzara por tener muchos y buenos amigos. El hijo así lo hizo, y empezó a cultivar y a obsequiar a muchos cuya amistad trataba de ganarse. Todos aquéllos le hacían profesiones de amistad, diciéndole que arriesgarían por él, si fuera necesario, su hacienda y su vida. Un día, estando aquel mancebo con su padre, le preguntó éste si había seguido su consejo y si había ganado muchos amigos. El hijo le contestó que sí tenía muchos, pero que, sobre todo, contaba con diez de los que estaba seguro que, ni por temor a la misma muerte, le abandonarían en un caso extremo. Cuando el padre lo oyó le replico que se maravillaba mucho de que en tan poco tiempo hubiera llegado a tener tantos y tan buenos amigos, pues él, que era muy viejo, no había tenido más que un amigo y medio. Comenzó a porfiar el mancebo, afirmando que era verdad lo que le decía. Al oírle el padre porfiar le pidió que los probara del siguiente modo. Le hizo matar un cerdo y meterlo en un saco y le dijo que fuera a casa de cada uno de sus amigos y les dijera que llevaba a un hombre a quien había muerto, y que estaba seguro de que si llegaba a oídos de la justicia no podrían, por nada del mundo, escapar de la muerte él ni ninguno que lo supiera; por lo cual le rogaba, como amigo suyo, que ocultara el cadáver y que viniera a defenderle si era necesario.

Hízolo el mancebo y se fue a probar a sus amigos, como su padre le había mandado. Cuando llegó a casa de cada uno de ellos y les contó el peligro en que estaba, todos le dijeron que en otras cosas le ayudarían, pero que en ésta, en que se aventuraba vida y hacienda, no se atrevían, y que por amor de Dios evitase que se supiera que había ido en su busca. Algunos le dijeron que no osaban ayudarle de este modo, pero que si le condenaban a muerte pedirían su indulto: otros le prometieron que cuando le llevaran a ejecutar le acompañarían, que estarían con él hasta el final y que le enterrarían muy solemnemente.

Cuando el mancebo hubo probado a todos sus amigos, sin que ninguno resultara fiel, se volvió a su padre y le contó lo que le había pasado. Al oírlo, el padre le respondió que más saben los que mucho han vivido que los que no tienen ninguna experiencia. Entonces le volvió a decir que él no tenía más que amigo y medio, y le mandó que los fuera a probar. Fue el hijo primero a probar al que su padre calificaba de medio amigo. Llegó a su casa ya oscurecido con el cerdo a cuestas, llamó a la puerta y le refirió la desgracia que había tenido y cómo sus amigos no querían ayudarle; acabó pidiéndole que por la amistad que tenía con su padre le ayudara en aquel peligro en que se había puesto. El medio amigo del padre le dijo que, aunque no tenía con él amistad porque debiera arriesgar tanto, que, sin embargo, en consideración a su padre, le encubriría. Diciendo esto se echó a cuestas el saco con el cerdo, que creía ser un hombre, lo llevó a la huerta y lo enterró en un cuadro de coles: puso de nuevo las coles como estaban y le dijo al mancebo que se fuera tranquilo.

Al volver a su padre le refirió lo que le había pasado con su medio amigo. Mandóle su padre que al día siguiente, cuando estuvieran en consejo, empezara a porfiar sobre cualquier asunto con su medio amigo y que en medio de la porfía le diera en el rostro la mayor bofetada que pudiese. El mancebo hizo lo que su padre le mandó, y cuando se la dio, le miró el medio amigo de su padre y le dijo:

—En verdad, hijo, que has hecho muy mal; pero te aseguro que por esto ni por ninguna otra ofensa mayor descubriré las coles del huerto.

Cuando el mozo contó esto a su padre le mandó que fuese a probar al que consideraba un amigo cabal. Al llegar el mancebo a su casa y contarle la historia del muerto y su entierro, le dijo el amigo de su padre que le guardaría de muerte y daño. Sucedió, por casualidad, que en aquellos días habían muerto a un hombre en aquella ciudad y no lograban dar con el asesino. Como algunos habían visto a aquel mozo ir por la noche con el saco a cuestas, pensaron que sería él. ¿Para qué voy a entrar en detalles? El mancebo fue juzgado y condenado a muerte. El amigo de su padre hizo todo lo posible por salvarle. Cuando vio que no había otro remedio, dijo a los jueces que no quería cargar su muerte sobre la conciencia, y que por ello declaraba que el asesino no era aquel mancebo, sino un hijo único que él tenía. Hizo que fueran a interrogar al hijo y que éste se confesara culpable. En vista de lo cual fue su hijo ejecutado. De este modo escapó de la muerte el mozo a quien sus amigos no querían ayudar.

Ya veis, señor conde, cómo se prueban los amigos. Creo que esta historia nos sirve para que aprendamos a conocer a los buenos amigos, a los que debemos de probar antes de ponernos en un gran peligro confiando en ellos y para saber qué es lo que podemos esperar en un caso apretado. Podéis estar persuadido de que, aunque hay algunos amigos buenos, muchos, y quizá los más, son sólo amigos de la prosperidad y sólo podemos contar con ellos mientras la tengamos. También esta historia puede interpretarse espiritualmente del siguiente modo: Todos los hombres creen tener amigos, pero todos han de probarlos a la hora de la muerte. Entonces los amigos seglares les dicen que bastante tienen con sus propios problemas; los eclesiásticos, que no dejarán de pedir a Dios por su alma; y la mujer y los hijos, que los acompañarán hasta la fosa y les harán muy solemnes exequias. De este modo ven lo que pueden esperar de los que consideran amigos suyos. Al no hallar en ellos ayuda alguna contra la muerte, de la misma manera que el mancebo del cuento, al verse defraudado por todos aquellos a quienes consideraba amigos suyos, se volvió a su padre, se vuelven a Dios, que es padre de todos, y Dios les dice que prueben a los santos, que son sólo medio amigos. Y hácenlo así. Tan grande es la bondad de los santos, y sobre todo de la Virgen Nuestra Señora, que nunca cesan de pedir a Dios por los pecadores. La Virgen María le recuerda el trabajo que tuvo al criarlo y los santos le ponen delante los dolores, tormentos y persecuciones que sufrieron por él, y con todo ello tratan de encubrir nuestras faltas. Y por más motivos de queja que tengan con nosotros, no nos descubren, como el medio amigo de su padre no descubrió al mancebo, a pesar de la bofetada que éste le dio. Cuando el pecador se convence de que ninguno de sus amigos o parientes va a ayudarle a evitar la muerte del alma, se vuelve a Dios. Nuestro Señor, obrando como padre y verdadero amigo, y acordándose del amor que tiene al hombre, que es criatura suya, hizo como el amigo cabal, pues mandó a Jesucristo, su hijo, a morir, sin culpa alguna y limpio de pecado, para cubrir con su sangre las culpas y los pecados de los hombres. Jesucristo, como buen hijo, fue obediente a su padre, y, a pesar de ser Dios verdadero y hombre verdadero, quiso recibir y recibió la muerte por redimirnos.

Ahora, señor conde, considerad cuáles de estos amigos son mejores y más fieles y cuáles debemos procurar ganar.

Al conde agradaron mucho estas razones, que tuvo por muy sólidas y bien fundadas. Viendo don Juan que este cuento era bueno, lo hizo poner en este libro y escribió unos versos que dicen así:

Nunca podrá el hombre tan buen amigo hallar
como Dios, que lo quiso con su sangre comprar.

Cuento XLIX

LO QUE SUCEDIO AL QUE DEJARON DESNUDO EN UNA ISLA AL CONCLUIR SU MANDATO

Al conversar otra vez el conde Lucanor con Patronio, su consejero, le dijo así:

—Patronio, muchos me dicen que, puesto que soy tan rico y poderoso, haga por aumentar riqueza y poder, que esto, en mi caso, es lo natural y lo que me conviene. Como sé que siempre me habéis aconsejado lo mejor, y que lo mismo haréis de aquí en adelante, os ruego me digáis lo que creáis que yo deba hacer.

—Señor conde —respondió Patronio—, este consejo es difícil de dar por dos razones: la una, porque para bien aconsejaros habré de deciros que hagáis lo contrario de lo que a vos os gustaría hacer; la otra, porque no me es agradable hablar en contra de lo que aparentemente os beneficia.

Como concurren en este asunto esas dos circunstancias, comprenderéis que me gustaría no tener que opinar. Pero como la lealtad del consejero está precisamente en decir lo que cree que es mejor, sin mirar si agrada o desagrada, no dejaré yo por nada del mundo de deciros lo que me parece que os conviene más. Por eso empiezo por afirmar que los que os dicen que acrecentéis riqueza y poder os aconsejan bien desde un punto de vista, pero que no creo que este consejo sea bueno ni os convenga a vos. Para que podáis ver esto más claro me gustaría mucho que supierais lo que sucedió a un hombre al que hicieron señor por un año.

El conde le preguntó qué le había sucedido.

—Señor conde Lucanor —dijo Patronio—, en un país tenían la costumbre de elegir cada año un señor. En aquel año hacían todas las cosas que el señor mandaba. Al terminarse le quitaban cuanto tenía y le dejaban solo y desnudo en una isla desierta.

Sucedió que una vez eligieron por señor a un hombre más inteligente y precavido que los anteriores. Como sabía que al acabar el año habían de hacer con él lo que con los otros, con mucha antelación mandó hacer, en secreto, en la isla a que le tenían que llevar una casa muy cómoda y espaciosa, en la que puso todo lo necesario para vivir bien. Construida además en sitio tan oculto que no pudieran saberlo ninguno de los que le habían elegido señor. Advirtió también a ciertos amigos, cuya gratitud se supo ganar, que si por casualidad necesitara algo que no hubiera mandado poner en la casa, se lo enviaran, de modo que nada le faltara allí. Al terminar el año, quitarle el mando los de aquel país y dejarle desnudo en la isla en que él se había hecho la casa, se fue para ella y vivió muy bien.

Vos, señor conde Lucanor, si queréis escuchar mi consejo, habéis de pensar que, pues tendréis que dejar el mundo desnudo y no podréis llevar de él más que las buenas obras, conviene hacerlas tales que al salir de éste tengáis en el otro

168

tal morada hecha que podáis vivir cómodamente toda vuestra vida. Sabed que la vida del alma no se cuenta por años, sino que es eterna, pues el alma es espiritual, y, como tal, no puede morir ni corromperse. Sabed también que Dios lleva cuenta de las obras, buenas o malas, que el hombre hace en este mundo, para darle en el otro el galardón que hubiere merecido. Por todas estas razones os aconsejo que hagáis tales obras en este mundo que, cuando tengáis que salir de él, halléis buen alojamiento en el otro, donde eternamente habéis de vivir, y que por la riqueza y aplauso del mundo, que son vanos y perecederos, no perdáis lo que ha de durar siempre. Estas buenas obras deben ser hechas sin vanagloria ni ostentación, de modo que, aunque lleguen a ser conocidas de los demás, por no ser éste su fin no pierdan su mérito. También debéis procurar dejar tales amigos que hagan por vuestra alma lo que vos no podáis hacer en vida. Haciendo estas cosas, no veo inconvenientes, sino ventajas, en que os esforcéis por aumentar riqueza y poder.

Al conde le pareció esta historia muy buena y le pidió a Dios que le ayudase a obrar como Patronio le había aconsejado. Como don Juan viera que esta historia era muy buena, la hizo poner en este libro y escribió unos versos que dicen así:

Por este mundo perecedero
no te expongas a perder el duradero.

CUENTO L

LO QUE SUCEDIO A SALADINO
CON LA MUJER DE UN VASALLO SUYO

Hablaba un día el conde Lucanor con Patronio, su consejero, de este modo:

—Patronio yo sé que vos sois tan inteligente que ninguna persona de las que ahora viven en este país podrá contestar a lo que le pregunten mejor que vos. Por eso os ruego que me digáis cuál es la mejor cualidad que puede tener el hombre. Os lo pregunto porque sé muy bien que, para elegir lo mejor y hacerlo, debe el hombre reunir muchas cualidades, pues viendo lo que debe hacerse y luego no haciéndolo no se aumenta la fama o poder. Como para obrar bien se necesitan tantas cualidades, querría me dijerais cuál de éstas es la principal, para no equivocarme al faltar a ella.

—Señor conde Lucanor —respondió Patronio—, vos, que sois muy bondadoso, me elogiáis mucho y me decís que soy muy inteligente. Yo temo, señor conde, que os engañéis. Podéis estar persuadido de que no hay nada en el mundo en que tan fácilmente nos engañemos como en conocer a los hombres y aquilatar sus entendimientos. Estas son dos cosas distintas: una, saber cómo es el hombre; otra, graduar su inteligencia. Para saber cómo es el hombre hay que observar las obras que hace para Dios y el mundo, pues muchos hay que parece que hacen buenas obras, y no son buenas, pues su objeto es que las vean las gentes. Este cultivo de la apariencia les costará caro, pues por la vanagloria que dura un día sufrirán eterno castigo. Otros hacen buenas obras en servicio de Dios, y aunque éstos eligen la mejor parte, que nunca les será quitada ni podrán perder, ni los unos ni los otros atienden a Dios y al mundo, que son las dos cosas a que hay que atender. Para ello hay que realizar muy buenas obras y tener muy buen entendimiento, lo que es tan difícil como meter la mano en el fuego sin quemarse; pero con ayuda de Dios y ayudándose el hombre se puede lograr, pues ha habido muchos buenos reyes y otros hombres santos que, sirviendo a Dios, vivieron en el mundo. Para saber quién es inteligente hay que mirar también muchas cosas, pues muchos dicen muy buenas palabras y muy acordadas, pero no obran tan bien como les convenía; otros se gobiernan muy bien, pero no saben, no pueden o no quieren decir tres palabras a derechas; otros hablan muy bien y se desenvuelven con habilidad, pero como son de torcida intención, perjudican a otros. De éstos dice la Sagrada Escritura que son como un loco con espada en la mano o como un mal príncipe muy poderoso. Pero, para que vos y todos los demás podáis conocer cuál es bueno ante Dios y los hombres y cuál tiene recta intención y podáis escogerle, conviene que os acostumbréis a no juzgar a nadie sino por las obras que hubiera hecho durante mucho tiempo, así como por el aumento o disminución de su hacienda, pues en estas dos cosas se puede ver.

Todas estas razones os he dicho porque vos me elogiáis mucho y me decís que soy muy inteligente y estoy convencido de que si atendierais a todas estas cosas no me elogiaríais tanto. A la pregunta de cuál es la mejor cualidad que puede tener el hombre, os diré que para saber esto os convendría mucho que os contara lo que sucedió a Saladino con una mujer, esposa de un caballero vasallo suyo.

El conde le preguntó qué le había sucedido.

—Señor conde Lucanor —dijo Patronio—, Saladino era sultán en tierras de Oriente. Como siempre llevaba mucho acompañamiento y no podían todos alojarse juntos, fue una vez a morar a casa de un caballero. Cuando el caballero vio a su señor, que era tan poderoso, en su casa, le atendió y se esmeró en servirle todo lo que pudo; lo mismo hicieron su mujer y sus hijos. El demonio, que trabaja para que el hombre haga lo peor, hizo que Saladino olvidara lo que debía a sí mismo y a su vasallo y que se enamorara de la mujer de éste, con tanta violencia que llegó a aconsejarse sobre la manera de lograr sus deseos. Pidámosle todos a Dios que guarde al señor que tengamos de malos deseos, pues si él quiere una cosa nunca faltará quien le ayude a poner en práctica un mal pensamiento, como sucedió a Saladino, que en seguida encontró quien le aconsejara el modo de hacer lo que quería. Aquel mal consejero le dijo al sultán que llamase a su marido y que le diera un cargo muy importante, en que tuviese mucha gente bajo sus órdenes, y que al cabo de varios días le mandase a un sitio muy alejado. Mientras el caballero estuviese ausente podría él muy fácilmente cumplir sus deseos.

Este plan satisfizo al sultán. Cuando el caballero había ya partido en su servicio, pensando que tenía mucha suerte en ser tan amigo de su señor, se fue Saladino a su casa. Al saber la mujer que el sultán venía, le salió a recibir muy bien y le hizo mucho agasajo, así como los demás miembros de su familia. Después de comer, el sultán se retiró a su cámara y mandó por ella. Creyendo que la llamaba para otra cosa, la honrada mujer se apresuró a ir. Saladino le dijo que la amaba mucho; cuando ella oyó esto, aunque comprendió muy bien lo que decía fingió no entenderle y le respondió que se lo agradecía y que rogaba a Dios que le amparase, pues bien sabía Dios que le deseaba muy larga vida y que siempre pedía por él, como estaba obligada, por ser su señor y, sobre todo, por las mercedes que les hacía a su marido y a ella. El sultán replicó que, fuera de esto, la amaba más que a ninguna mujer del mundo. Ella seguía dándole las gracias, como si no comprendiese la intención de él. ¿Para qué os voy a contar todos los detalles? Saladino acabó por decirle lo que pretendía de ella. La buena esposa, como era mujer muy honrada y muy inteligente, le respondió así:

—Señor, aunque yo soy muy poca cosa, sé bien que el amor no está en poder del hombre, sino el hombre en poder del amor. Sé también que si vos decís que me queréis mucho puede ser verdad, pero puede no serlo, ya que cuando a los hombres, y, sobre todo, a los grandes señores, gusta una mujer, dicen que harán lo que ella pida. Pero después de burlada la estimáis en poco, como es natural, y queda deshonrada. Yo, señor, me temo que lo mismo me suceda a mí.

Saladino le respondió haciéndole grandes promesas para el futuro. Al oír esto la honrada mujer le contestó que si él le prometía que antes de forzarla haría lo que le pidiera, ella, a su vez, le aseguraba que estaría dispuesta, a lo que él mandase. Saladino le dijo que temía que le pidiera no hablar más del asunto. Le replicó ella que no pensaba pedirle esto ni ninguna otra cosa que él no pudiera fácilmente hacer. El sultán entonces le prometió que haría lo que ella quisiera. La mujer le besó la mano y los pies y le dijo que lo único que quería era que le dijera cuál era la mejor cualidad que el hombre podría tener y la que era madre y cimiento de las demás buenas cualidades.

Cuando Saladino oyó esto se puso a pensar y no supo qué responder. Como le había prometido no forzarla hasta haber hecho lo que le pidiera, contestó que quería tiempo para pensarlo. Le dijo ella que volvía a prometerle que cuando le contestase haría todo lo que él quisiera. Así quedó la cosa entre ellos.

Saladino se fue a sus gentes y, como si lo quisiera saber con otro objeto, hizo la pregunta a todos sus sabios. Unos contestaban que la mejor cualidad que el hombre podía tener era la bondad. Replicaban otros que esto era verdad para la otra vida, pero que la bondad era poco para este mundo. Decían otros sabios que la mejor cualidad era la lealtad. Contra lo cual se argumentaba que, aunque la lealtad es cosa muy buena, un hombre puede ser leal y cobarde o avaro o lascivo o de malas costumbres, por lo que no bastaba la lealtad. Y de este modo pasaban revista a todas las cualidades, sin ponerse de acuerdo en lo que Saladino les preguntaba.

Al ver el sultán que nadie en su tierra podía decirle lo que quería, tomó a dos juglares para ir por el mundo en su compañía sin llamar la atención, y muy en secreto cruzó el mar y se dirigió a la corte del papa, que es donde se juntan todos los cristianos. Haciéndoles a todos la misma pregunta, no halló nunca quien la contestara. Después fue a las cortes del rey de Francia y de los demás reyes, sin mejor resultado. Esto le llevó tanto tiempo que estaba ya arrepentido de aquella empresa. La verdad es que si fuera sólo por conseguir aquella mujer la hubiera dejado, pero le parecía una vergüenza renunciar a saber lo que tanto le preocupaba, pues al gran hombre le avergüenza mucho el dejar, por miedo o temor al trabajo que cueste, lo que haya emprendido, siempre que no sea cosa mala o pecado. Por eso Saladino no se conformaba con volver a su tierra en la misma ignorancia que al salir de ella.

Sucedió que un día, yendo de viaje con sus juglares, encontraron a un escudero que venía de cazar y había matado un ciervo. El escudero se había casado poco tiempo antes. Su padre, que era muy viejo, había sido en sus tiempos el mejor caballero de la comarca. Aunque por su mucha edad había perdido la vista y ya no podía salir de su casa, tenía el entendimiento muy robusto y ágil. El escudero preguntó a los tres quiénes eran y de dónde venían. Ellos dijeron que eran juglares. Al oír esto se alegró mucho y les dijo que venía de caza, muy alegre, y que para acabarse de alegrar quería que, pues tan buenos juglares eran, le acompañasen aquella noche. Le contestaron que iban muy de prisa, porque hacía mucho tiempo que habían salido de su país para averiguar una cosa y que, como no lo lograban, se querían volver, por lo cual no podrían detenerse con él esa noche. El escudero les fue preguntando hasta que se enteró de qué era lo que investigaban. Cuando lo supo, les dijo que si su padre no podía decírselo no se lo diría nadie en el mundo; y les refirió quién era su padre. El sultán, a quien el escudero creía juglar, al oír esto se alegró mucho y resolvió detenerse en su casa. Al llegar a ella contó el escudero a su padre que venía muy contento porque había tenido suerte en la caza y todavía más por traer consigo a aquellos juglares. Le dijo también lo que estaban tratando de averiguar, y le pidió les hiciera el favor de decirles lo que de esto creyera, pues les había dicho que si él no les daba respuesta cumplida no lo haría nadie. Cuando el anciano caballero oyó esto comprendió que el que hacía esta pregunta no era juglar y le contestó que después de comer les respondería. El escudero se lo dijo a Saladino, que se alegró mucho, aunque se le hacía largo de esperar hasta después de la comida.

Cuando levantaron los manteles y los juglares hubieron hecho ostentación de sus habilidades, les dijo el caballero anciano que su hijo le había contado que iban haciendo por todo el mundo una pregunta, sin encontrar quién la contestara, que le dijeran qué pregunta era esa, que él les diría lo que se le alcanzase. Entonces Saladino, que estaba vestido de juglar, le dijo que la pregunta era que cuál era la mejor cualidad que el hombre puede tener, que es madre y cimiento de todas las demás buenas cualidades.

Cuando esto oyó el caballero anciano comprendió muy bien de qué se trataba; también conoció por la voz al sultán, en cuya corte él había vivido mucho tiempo y de quien había recibido muchas mercedes. Le contestó así:

—Amigo, lo primero que os quiero decir es que nunca hasta ahora entraron en mi casa tales juglares. Sabed, además, que yo no puedo olvidar quién sois por el bien que de vos recibí en su día, pero de esto no os diré nada hasta hablar con vos en secreto, para que nadie sepa lo que vos queráis ocultar. En cuanto a la pregunta que me habéis hecho, respondo que la mejor cualidad que puede tener el hombre, madre y cimiento de las otras virtudes, es la vergüenza, pues por vergüenza se sufre la muerte, que es lo más que se puede decir, y por vergüenza deja el hombre de hacer lo que no es honesto, por deseos que tenga de hacerlo. Así vemos que la vergüenza es principio de toda virtud y la desvergüenza de todo vicio.

Cuando Saladino oyó esto comprendió que tenía razón el anciano. Viendo que ya había hallado la respuesta a lo que preguntaba, se alegró mucho y se despidió del caballero y del escudero, cuyos huéspedes habían sido. Antes que se partieran habló con él el padre; le dijo que le conocía y le refirió todas las bondades que él le había hecho. El y su hijo tuvieron las mayores atenciones con Saladino, pero de manera que nadie sospechara que era el sultán.

Despedidos de ellos, resolvió Saladino volver a su tierra lo más de prisa que pudiera ser. Al llegar fue recibido con gran alegría por todas sus gentes, que celebraron mucho su llegada. Cuando acabaron los regocijos fue Saladino en busca de la honrada mujer que le había hecho la pregunta. Al saber ella que el sultán venía le salió a recibir y le atendió muy bien. Después de haber comido y entrado en su cámara, llamó Saladino a la buena esposa. Cuando vino, le dijo el sultán cuánto le había costado hallar la respuesta de la pregunta que le había hecho, y que, pues la había encontrado y se la podía dar, esperaba que ella también cumpliera su promesa. Contestóle ella que le rogaba que él fuera fiel en todo a la suya y que empezara por responder a la pregunta, que si la respuesta era tal que él mismo comprendía no podía ser otra, ella muy de grado haría lo pactado. Entonces le dijo Saladino que estaba de acuerdo y que a la pregunta que ella le había hecho de cuál era la mejor cualidad que el hombre puede tener, que es madre y cimiento de las otras virtudes, contestaba que era la vergüenza. Al oír esto la honrada mujer se puso muy alegre y le dijo al sultán:

—Señor, es evidente que decís la verdad y que habéis cumplido la promesa. Ahora os pido que me hagáis el favor de decirme, como rey que no debe mentir, si creéis que haya en todo el mundo un hombre mejor que vos.

Contestó Saladino que, aunque le daba vergüenza decirlo, puesto que, como rey, le tenía que decir la verdad, no podía ocultarle que se consideraba superior a todos sus contemporáneos. Cuando oyó esto la buena esposa se dejó caer a sus plantas y dijo, llorando muy amargamente:

—Señor, vos acabáis de decir dos grandes verdades: la una, que sois el hombre mejor del mundo; la otra, que la vergüenza es lo mejor que el hombre puede tener. Pues sabéis esto y sois el mejor hombre del mundo, os ruego que queráis tener lo mejor y que os dé vergüenza lo que me pedís.

Oyendo Saladino tales razones y viendo cómo aquella mujer, por su honradez y buen entendimiento, había logrado que él no cometiera una falta tan grave, dio gracias a Dios. De modo que el amor pecaminoso que antes sentía se trocó en ese amor leal y verdadero que debe tener el buen señor a todos sus vasallos. Por ello envió por su marido y les hizo a los dos tantos obsequios que sus descendientes fueron muy ricos. Todo esto sucedió por la honradez de aquella buena esposa, que hizo que el sultán averiguara que la vergüenza es la mejor cualidad del hombre y la madre y cimiento de las otras virtudes.

Pues vos, señor conde, me habéis preguntado lo que a Saladino la honrada mujer, os respondo, como él a ella, que la mejor cualidad que el hombre puede tener es la vergüenza, pues la vergüenza le hace valiente, liberal, fiel, cortés y de limpias costumbres; es decir, le lleva a realizar buenas acciones. La mayoría de éstas se hacen más por vergüenza que por deseos de ello; también por vergüenza se dejan de poner en práctica muchos malos deseos. Por tanto, tan bueno como es el tener vergüenza resulta feo y peligroso el haberla perdido. Mucho yerra el que hace algo vergonzoso y cree que, como nadie lo sabe, no debe tener vergüenza de ello. Tened presente que no hay cosa que, por oculta que esté, más pronto o más tarde no se sepa. Aunque cuando se haga el hecho vergonzoso no nos dé vergüenza, el que lo hace debería pensar en la vergüenza que le dará cuando se sepa. Y si de esto no le da vergüenza, debería dársela de sí mismo, ya que le consta que el hecho es muy reprobable. Cuando no pensara en nada de esto, debería pensar en que si un muchacho viera lo que está haciendo, lo dejaría de hacer por vergüenza, y no tiene vergüenza ni miedo de Dios, que lo ve todo y lo sabe todo y le dará por ello el castigo que merezca.

Ya, señor conde Lucanor, he respondido a lo que preguntasteis. Con ésta os he contestado a cincuenta preguntas. Habéis estado tanto tiempo oyéndome, que estoy seguro que muchos de los vuestros están fastidiados, sobre todo aquellos que no tienen muchas ganas de oír ni de aprender nada de provecho. Les sucede como a las bestias cargadas de oro, que sienten el peso que llevan a cuestas, pero no se aprovechan de lo que vale. Del mismo modo a ellos les aburre lo que oyen y no recogen el provecho que pueda tener. Por lo cual os digo que en parte por eso, en parte por el cansancio que me ha producido el contestar a tantas preguntas, no quiero responder a las que todavía tengáis que hacerme, sino que prefiero poner fin al libro.

El conde tuvo ésta por muy buena historia. A lo que dijo Patronio que no quería responder a más preguntas contestó que se procuraría que ello fuera así. Como don Juan viera que esta historia era muy buena, la hizo poner en este libro y escribió unos versos que dicen así:

La vergüenza es origen de todos los bienes;
por vergüenza hace el hombre lo que no quiere.

LO QUE SUCEDIO A UN REY CRISTIANO
QUE ERA MUY PODEROSO Y SOBERBIO

Una vez, hablando el conde Lucanor con Patronio, su consejero, le dijo así:

—Patronio, muchos afirman que la humildad es una de las cosas con que el hombre se puede hacer más grato a Dios, mientras otros sostienen que los humildes son menospreciados por los demás y tenidos por gentes de poco esfuerzo y poco corazón, por lo cual la soberbia es muy conveniente y muy provechosa para el gran señor. Como me consta que nadie sabe lo que debe hacerse mejor que vos, os ruego me aconsejéis sobre cuál de estas dos cosas es más conveniente.

—Señor conde Lucanor —dijo Patronio—, para que veáis qué es lo mejor y lo más provechoso os convendría saber lo que sucedió a un rey cristiano que era muy poderoso y soberbio.

El conde le rogó que se lo contara.

—Señor conde —dijo Patronio—, en un país cuyo nombre no recuerdo había un rey muy joven, rico y poderoso. Este rey era tan soberbio, que una vez, oyendo el *Magníficat* o cántico de la Virgen Nuestra Señora, cuando llegó el versículo que dice: *Et deposuit potentes de sede et exaltavit humiles,* que traducido a nuestro romance significa que Dios humilló a los poderosos y exaltó a los humildes, le pesó tanto que mandó que en su reino se borrara el versículo y en su lugar se pusiera este otro: *Et exaltavit potentes in sede et humiles posuit in terra.* Lo que quiere decir que Nuestro Señor exaltó a los poderosos e hizo caer por tierra a los humildes. Esto a Dios le desagradó mucho, por ser lo contrario de lo que había dicho en esta ocasión la Santísima Virgen, que cuando se vio madre del Hijo de Dios que había concebido y que iba a parir sin lesión alguna de su pureza y virginidad y se halló convertida en señora de los cielos y tierra, dijo de sí misma, loando la humildad sobre todas las demás virtudes: *Quia respexit humilitatem ancillae suae, ecce enim ex hoc beatam me dicent omnes generationes.* Lo que significa en buen castellano que porque el Señor había considerado la humildad de su sierva la habrían de llamar bienaventurada todas las gentes. Y, en efecto, ninguna mujer, antes ni después, fue tan bienaventurada como ella, que por sus virtudes, pero, sobre todo, por su humildad, mereció ser madre de Dios, reina de los cielos y de la tierra y señora de los coros angélicos.

Al rey soberbio le sucedió todo al revés, pues un día quiso ir a la casa de baños y salió de su alcázar muy ufano y con muy lucido acompañamiento, pero como tuviera que desnudarse para bañarse y dejara su ropa fuera de la sala donde se bañaba, Dios Nuestro Señor mandó a un ángel al baño, el cual, tomando por voluntad de Dios la figura del rey, salió del baño, se vistió su ropa y se fue a palacio, seguido de su gente, dejando a la puerta de la sala donde estaba el rey un vestido muy viejo y muy andrajoso, propio de un mendigo que pide limosna por las calles.

El rey, que quedó en el baño sin darse cuenta de nada, llamó, cuando fue hora de salir de él, a sus servidores y cortesanos que le acompañaban; pero, por mucho que llamó, no respondió ninguno, porque se habían ido con el ángel, creyendo que iban con el rey. Cuando éste vio que nadie le respondía se enfadó mucho y empezó a jurar que les haría morir en el tormento. Y teniéndose por burlado, salió desnudo del baño con la esperanza de que hallaría a alguno de sus servidores que le ayudara a vestirse; pero cuando llegó al sitio donde esperaba encontrar a su gente y no vio a nadie, empezó a mirar por todos los rincones de la casa de baños, sin topar con nadie a quien preguntar lo que había pasado. Muy preocupado y sin saber qué hacer, vio aquel vestido roto y andrajoso echado en un rincón y pensó ponérselo e irse en secreto a palacio, donde podría vengarse cruelmente de los que le habían hecho esta burla. Así lo hizo, y cuando llegó al alcázar y vio en la puerta a uno de sus guardias, que conocía muy bien y que le había acompañado al baño, le llamó y le dijo en voz baja que abriera la puerta y le metiese en seguida en palacio para que nadie pudiera verle con aquella ropa. El guardia, que ceñía su espada y que tenía en la mano una pesada maza, le preguntó quién era y por qué quería entrar en palacio.

—¡Ah traidor! —dijo el rey—. ¿No te basta la burla que me habéis hecho al dejarme en el baño y obligarme a venir vestido de este modo? ¿No eres tú fulano y no sabes que yo soy el rey, tu señor, a quien dejasteis solo en el baño? Abre la puerta antes de que venga nadie y me reconozca, que si no lo haces te haré matar tan cruelmente que te arrepientas.

—Loco, villano, ¿qué estás diciendo? —le replicó el guardia—. Vete ahora mismo y no digas más disparates, que si no te apalearé, como se hace a los locos, que el rey, mi señor, hace ya mucho tiempo que vino del baño con todos nosotros, y ha comido y está en la cama, y ten cuidado de no hacer aquí más ruido, no sea que despierte.

Cuando el rey oyó esto pensó que lo decía por burlarse de él y, lleno de ira, le atacó, queriéndole coger por los pelos. El guardia, al verle, no le quiso herir con la maza, sino que le dio un golpe muy grande con e] mango de ella, con el que le hizo echar sangre por varias partes. El rey, al sentirse herido y ver que el guardia tenía espada y maza y que él no tenía nada con qué atacar ni con qué defenderse, temiendo que el otro se hubiera vuelto loco y que si le dijera cualquier otra cosa que le mataría, pensó irse a casa de su mayordomo y ocultarse allí hasta que se curara, después de lo cual podría tomar venganza de los traidores que le habían hecho aquella burla. Pero si malparado salió el rey de su disputa con el guardia, mucho peor salió de casa de su mayordomo. De allí se fue lo más en secreto que pudo en busca de la reina, su mujer, persuadido de que todo nacía de que aquellas gentes no le conocían y de que, aunque todo el mundo le desconociera, su mujer no lo haría. Pero cuando llegó a ella y le dijo lo que le había pasado y que él era el rey, la reina, temiendo que si el rey, que suponía estaba en palacio, supiese que oía estos disparates, se disgustaría, mandó que le dieran muchos palos y que echaran al loco que venía a decir tales desatinos.

El pobre rey, al verse tratado así, no supo qué hacer y se fue mal herido a un hospital, en el cual estuvo muchos días. Cuando el hambre le apretaba pedía limosna de puerta en puerta. Decíanle las gentes, burlándose de él, que cómo estaba tan pobre siendo nada menos que el rey del país. Y tantas gentes se lo dijeron y lo oyó tantas veces y en tales lugares, que él mismo creyó que estaba loco y que, por estarlo, imaginaba haber sido rey. De esta manera vivió mucho tiempo, pensando todos que padecía de una locura que es muy frecuente y que consiste en creerse uno otra cosa de lo que se es o en atribuirse una gran dignidad.

Estando aquel hombre en tan triste estado, la misericordia de Dios, que sólo desea la salud de los pecadores y siempre los pone en camino de salvación, del que si se apartan es por su culpa, hizo que el desdichado, que había caído por su soberbia en aquella ruina, pensara que su desgracia le había venido en castigo de sus pecados, pero, sobre todo, de la soberbia que le había llevado a mandar alterar, con tanta locura y desvanecimiento, las palabras de Nuestra Señora. Cuando comprendió esto, empezó a sentir en su corazón tan gran dolor y arrepentimiento que no se podría expresar con palabras. De tal manera que más le pesaba haber ofendido a Dios que la pérdida del reino que había sido suyo. Y cuanto más lo consideraba, lloraba más y más pedía a Dios perdón de sus pecados, sin que le pasase nunca por las mientes pedirle que le devolviera su antigua corona, que ya no estimaba, por aspirar solo a salvar su alma.

Y creed, señor conde, que a cuantos ayunan, dan limosnas, rezan, hacen peregrinaciones o se ejercitan en cualquier buena obra para que Dios les dé, les conserve o les acreciente la salud del cuerpo, riquezas o dignidades, aunque no hagan mal, les iría mejor si hiciesen estas cosas para alcanzar el perdón de sus pecados o merecer la gracia de Dios, que sólo se logra con buenas obras y recta intención, sin engaño y sin hipocresía. Si así lo hicieran serían perdonados y el Señor les colmaría de gracia, pues nada hay más grato a Dios que el corazón humilde y herido y la recta intención. Por ello, cuando, por la merced de Dios, se hubo arrepentido el rey de sus pecados y Nuestro Señor hubo visto su sinceridad, no sólo le perdonó, sino que, como su bondad es infinita, quiso devolverle, muy acrecentados, su reino y corona. Y fue de este modo:

El ángel que hacía de rey por haber tomado su figura llamó y le dijo a uno de sus guardias:

—Me dicen que anda por ahí un loco que asegura haber reinado aquí y que dice muchas otras locuras. Por tu salud quiero que me digas qué tipo de persona es y qué dice.

Sucedió por casualidad que el guardia era aquel que había herido al rey el día que salió desnudo del baño. Cuando el ángel, que para él era el rey, le pidió noticias de aquel loco, le contó cómo andaban las gentes de broma con él, riendo sus locuras. Oyendo esto el rey, le mandó que fuera a llamarle y traerle. Al tener el ángel que ocupaba el trono en su presencia al rey verdadero, a quien creían loco, se apartó y le dijo:

—Amigo, me cuentan que vos decís que habéis sido rey de este país y que habéis perdido la corona no sé por qué desgracia o motivo. Os ruego, por Dios, que me refiráis lo que vos creéis que os ha sucedido, sin ocultar nada, que yo os aseguro y os doy mi palabra de que ningún mal os vendrá por ello.

Cuando el pobre y desgraciado rey, que tomaban por loco, oyó decir esto al que ocupaba el trono, no supo qué contestar, porque temía que se lo preguntara para sonsacarle, y que si le dijera que él era el rey le mandaría matar y vendrían sobre él más desdichas. Pensando lo cual empezó a llorar desconsoladamente y a decirle lleno de aflicción:

—Señor, yo no sé qué deciros, pero como estoy persuadido de que la muerte no es peor que la vida que llevo, y como sabe Dios que ya no me preocupan las riquezas ni los honores, no os quiero ocultar lo que pienso. Yo veo que estoy loco y que todo el mundo me tiene por tal y me trata como se suele tratar a los tales, y que así hace ya mucho tiempo que vivo. Y aunque pudiera ser que alguien se equivocara, si yo no estuviera loco no sería posible que todas las personas, buenas y malas, altas y bajas, listas y torpes, así lo creyeran; pero aunque yo veo esto y lo comprendo, la verdad es que creo que yo fui rey de este país y perdí la corona, al mismo tiempo que la gracia de Dios, en justo castigo de mis pecados, muy especialmente de la soberbia y el orgullo que entonces tenía.

Entonces le contó con mucha aflicción y con muchas lágrimas lo que le había pasado desde que mandó alterar las palabras de Nuestra Señora. Cuando el ángel, a quien Dios había mandado tomar su figura y ocupar el trono, vio que se dolía más de sus yerros que del reino y corona que había perdido, le respondió, por mandato de Dios:

—Amigo mío, os puedo asegurar que decís en todo la verdad y que es cierto que fuisteis rey de este país. Dios Nuestro Señor os quitó la corona por lo mismo que vos habéis imaginado y me mandó a mí, que soy un ángel, para que tomase vuestra figura y ocupara el trono. La misericordia de Dios, que es infinita y tan sólo quiere que el pecador se arrepienta, ha logrado con este milagro dos cosas necesarias para que el arrepentimiento sea verdadero: una, que el pecador no quiera volver a su antiguo pecado; otra, que no finja. Como Dios ha visto que vuestro arrepentimiento es sincero, os ha perdonado y me manda a mí que os devuelva vuestra figura y os deje el trono. Yo os ruego y aconsejo que, de todos los pecados, os guardéis, sobre todo, de la soberbia, pues sabed que de aquellos en que los hombres suelen caer, éste es el más aborrecido por Dios, por ser contrario a él y su poder, y hacer que con facilidad se pierdan las almas. Podéis estar seguro de que no ha habido nación, familia, clase ni persona dominada por él que Nuestro Señor no echara por tierra y redujera a polvo.

Cuando el rey, a quien creían loco, oyó decir esto al ángel, se echó a sus pies llorando mucho y creyendo todo lo que le decía y le adoró como a mensajero de Dios. Entonces le pidió que no se fuese hasta que todo el pueblo estuviera reunido, para que supiera el milagro que el Señor había hecho. Así lo prometió el ángel. Estando todos juntos, el rey les contó lo que había sucedido. También habló el ángel, que por voluntad de Dios se mostró como tal. El rey hizo muchas penitencias y, entre otras cosas, mandó que en desagravio a Nuestra Señora y en recuerdo de esto se escribiera siempre en todo su reino en letras de oro el versículo que en mala hora mandó alterar. Lo que he oído decir que hasta el día de hoy se sigue haciendo en aquel país. Hecho esto, el ángel se fue con Dios Nuestro Señor, que le había enviado, y se quedó el rey con sus gentes con mucho contento y prosperidad. De allí en adelante fue el rey muy bueno y trabajó mucho en servicio de Dios y bien de su pueblo, por lo que alcanzó fama en este mundo y mereció la gloria en el otro, la cual el Señor, por su misericordia, nos quiera dar.

Vos, señor conde Lucanor, si queréis lograr la gracia de Dios y la gloria del mundo, haced buenas obras y, de todos los pecados, huid la soberbia, siendo muy humilde, sin bajeza y sin hipocresía. Pero sed humilde sin perder el decoro a vuestra persona, de modo que seáis humilde, pero no humillado. Así los soberbios y poderosos no hallarán en vos qué despreciar, y los que se humillaren os verán revestido de humildad y buenas obras.

Al conde le agradó mucho este consejo y le pidió a Dios que le ayudara para poderlo siempre seguir. Y como a don Juan le gustó mucho también esta historia, la hizo poner en este libro y escribió unos versos que dicen así:

A los que son humildes, Dios mucho ensalza,
mientras que a los soberbios hiere como maza.

INDICE